Eva Hagenmüller

Juli 1986 von Hans Jürgen
(vor meiner Reise nach Dornach
zum Faust-Festival)

Über das Buch und den Autor Edwin Froböse berichtet in seinen Erinnerungen von der Arbeit auf dem Gebiet der Sprachgestaltung und Schauspielkunst an der Seite von Marie Steiner, der Lebensgefährtin Rudolf Steiners. Als ihr engster Mitarbeiter schildert er die Neuanfänge der Bühnenkunst am Goetheanum. Er erzählt von der intensiven Schauspielschulung, den Eurythmieproben mit Marie Steiner, von Reisen der Eurythmiegruppe, von den Aufführungen u. a. im Lessing-Theater in Berlin.

Edwin Froböse, Sohn des Schauspielers Willy Froböse, 1900 in Dresden geboren, kam erst über den Umweg einer kaufmännischen Lehre zu einer Ausbildung als Schauspieler. Die Stationen seines Weges waren u. a. Bühnen in Zürich, Berlin, Nordhausen, Kaiserslautern. 1923 lernte er Rudolf Steiner kennen. Er ging bald darauf zu einem Schauspielkurs nach Dornach. Die Anthroposophie Rudolf Steiners begeisterte und faszinierte ihn so sehr, daß er beschloß, seinen Düsseldorfer Schauspielvertrag aufheben zu lassen, um in Dornach zu bleiben. – Er war der erste Schüler Marie Steiners, mit dem sie über einen Zeitraum von 22 Jahren die sprachgestalterische, chorische und schauspielerische Arbeit am Goethenaum aufgebaut und entwickelt hat. Er war während dieser Zeit Sekretär der Sektion für redende Künste.

In den vergangenen Jahrzehnten widmete er sich ganz der Herausgabe der Werke Rudolf Steiners in der Rudolf Steiner-Nachlaßverwaltung. Durch zahlreiche Rezitationen, Vorträge und Unterrichtsstunden blieb er auch der praktischen Weiterentwicklung der Sprachgestaltung verbunden.

Edwin Froböse

Mein Weg zur Goetheanum-Bühne

Erinnerungen

Fischer Taschenbuch Verlag

Perspektiven der Anthroposophie
Herausgegeben von
Johannes M. Mayer und Wolfgang Niehaus

Gekürzte Ausgabe
Veröffentlicht im Fischer Taschenbuch Verlag GmbH,
Frankfurt am Main, Mai 1986
Lizenzausgabe mit freundlicher Genehmigung des Verlages
J. Ch. Mellinger Verlag GmbH, Wolfgang Militz Co. KG, Stuttgart

Umschlaggestaltung: Jan Buchholz / Reni Hinsch
Graphik: Hermann Moser
aus dem Buch ›Biesantz / Klingborg, Das Goetheanum‹
Gesamtherstellung: Clausen & Bosse, Leck
Printed in Germany
980-ISBN-3-596-25573-2

Eva in Dankbarkeit zu eigen

¡Sí!

¡... y buen viaje espiritualista!

H.

Inhalt

I

Das Künftige ruhe auf Vergangenem

Rudolf Steiner
Zwölf Stimmungen

Die frühe Zeit

Meine Geburt am 19. Mai 1900 in Dresden-Loschwitz muß für meine Eltern eine große Freude gewesen sein. Mein Vater ging am frühen Morgen, noch vor fünf Uhr an jenem Sonnabend, vor das Haus und gab das Ereignis durch Salutschüsse aus seiner Jagdflinte bekannt. Das war außergewöhnlich, und er war auch eine außergewöhnliche Erscheinung. Er war Künstler durch und durch und hatte früh in Düsseldorf auf der Akademie mit seinem Studium begonnen; er wollte Bildhauer werden. Da hörte ihn der Herzog von Meiningen durch Zufall singen und verpflichtete ihn für sein Hoftheater, aber als Schauspieler. Sein Weg führte dann später nach Berlin, wo er unter der Direktion von Dr. Raphael Löwenfeld am Wallner-Schiller-Theater tätig war, bis er 1899 nach Dresden an das Hoftheater engagiert wurde als erster Charakterspieler. Mein Vater wurde 1864 in Gütersloh in Westfalen geboren; er war evangelisch-lutherisch. Meine Mutter, Berlinerin, stammte aus einem jüdischen Kaufmannsgeschlecht, war acht Jahre jünger als ihr Mann. Sie hatte eine Mezzosopran-Stimme und nahm Gesangsunterricht in der Zeit, als mein Vater im Wallner-Theater spielte. Meine Mutter hatte ihre Eltern frühzeitig verloren; es war damals eine Ungeheuerlichkeit, einen Schauspieler zu ehelichen. Aber mein Vater konnte die Vorurteile beseitigen. Er hatte noch drei Brüder und eine Schwester, doch band ihn nichts Starkes an seine Familie. Die Übersiedlung nach Dresden fiel meiner Mutter nicht leicht. Mein Vater hatte alles aufs beste eingerichtet. Unsere Parterre-Wohnung lag an der Stadtgrenze in Dresden-Loschwitz unmittelbar in der Nähe von der Elbe, und unser schöner, großer Garten führte durch eine Pforte direkt in die Heide. Durch eine schwere Lungenerkrankung empfing ich die Nottaufe.

Meine Mutter war in größter Angst und Sorge um mich. Sie suchte im Gebet Kraft und Stärkung und gelobte zum christlichen Glauben überzutreten, wenn Gott ihr Gebet erhören würde. So empfing auch sie zur gleichen Zeit wie ich die Taufe. Diese Einstellung zum Göttlichen hat meine Mutter nie aufgegeben; es gehörte das Religiöse zu ihrem Wesen. Mein Vater dagegen war freireligiös. Er schrieb einmal in ein Album: Man soll denken ohne Autorität.

Mein Spruch von ihm: *Vorwärts, nie rückwärts, doch treu Dir selbst*!

So bestimmte die Kunst die Atmosphäre in meinem Elternhaus. In diesem Element durfte ich aufwachsen. Mit noch nicht ganz sechs Jahren kam ich zur Schule, und 1907 zogen wir in die Nähe der Neustadt, hatten aber auch in dieser Wohnung einen dazugehörigen Garten und – was die Hauptsache war – die Elbe war nicht weit entfernt von zu Hause. Immer wieder zog es mich an ihr Ufer. Ich wurde nicht müde, dort still zu sitzen. Ich besuchte die IV. Bürgerschule in der Tieckstraße. Kinder aus allen Ständen saßen da zusammen. Wir hatten während der Jahre bis zum Eintritt in ein Gymnasium den gleichen Klassenlehrer. Das war für die Schüler von hohem Wert, aber der Lehrer äußerte sich später einmal dahingehend, daß er nie wieder eine Klasse durch Jahre behalten würde; es wäre zu schwer, sich dann von den Kindern zu trennen, mit denen man sich so verbunden hätte. Die Schulen in Sachsen waren damals weithin als gut bekannt; ich konnte daher beim Eintritt in die Vorschule des Kgl. Luisen-Gymnasiums in Berlin eine halbe Klasse überspringen. Der Sprachunterricht muß besonders hervorgehoben werden, mit dem in Preußen nicht zu vergleichen. Angst befiel mich stets bei den Prüfungen. Einmal, als alle Eltern anwesend waren, machte ich als Erstkläßler prompt einen Additionsfehler, als ich aufgerufen wurde. Mein Vater verließ ostentativ den Raum. Meine Mutter tröstete mich hinterher in einer Konditorei.

Einen unauslöschlichen Eindruck trage ich in mir durch den Besuch der Gemäldegalerie ungefähr im achten oder zu Beginn des neunten Lebensjahres. Mein Vater führte mich durch die Säle und blieb vor dem Eingang zu einem Kabinett stehen. Wir traten ein. Der Raum war mit rotem Samt ausgeschlagen und an drei Seiten waren Polsterbänke angebracht. Nur ein riesengroßes Gemälde hing an der einen Wand. Mein Vater ließ mich gegenüber von dem Bild Platz nehmen, deutete auf dieses mit der Hand und ließ mich allein. So sah ich zum ersten Male die *Sixtinische Madonna* von Raffael. Nach einiger Zeit holte mich mein Vater wieder ab. Wir sprachen nicht über meinen Eindruck, aber ich habe diesen Auftritt nie vergessen.

Es war die Zeit in Dresden, ganz erfüllt von der Schönheit der Natur, dem Element der Kunst, und getragen durch die Harmonie des Elternhauses. Das war nur durch meine Mutter möglich. Sie besaß ein ausgeglichenes Temperament und hat sich bis zu ihrem Lebensende, 1961, ihr glückliches Naturell bewahrt. Das trug sie durch alle Fährnisse, die auch ihr nicht erspart blieben. Im Alltäglichen richtete sich der Tagesablauf nach meinem Vater. Die langen Proben im Theater bestimmten die späte Zeit unseres Mittagessens.

Ich nahm insofern an dem künstlerischen Leben teil, als meine Mutter oftmals meinen Vater ins Theater begleitete und dann über die Elbbrücke ins Opernhaus ging, wo in der Künstlerloge auch die Angehörigen der Sänger oder Schauspieler Zutritt hatten. Dort blieb sie, bis es Zeit war, meinen Vater abzuholen. Unter der Leitung von Schuch gab es hervorragende Aufführungen. Richard Strauss begann damals von Dresden aus seinen Aufstieg, und ein Ensemble von außergewöhnlichen Kräften hatte die Dresdener Bühne zur führenden Oper gemacht. Dann sang meine Mutter mir zu Hause aus den Opern vor, und so lernte ich schon frühzeitig viele Arien und Melodien kennen, die ich später dann in Aufführungen wieder erlebte.

Mit dem Jahre 1909 war mein Vater nach zehnjährigem Engagement pensionsberechtigt. Trotz seiner bedeutenden Stellung wollte er sich verändern. Meine Mutter war vor die Wahl gestellt zwischen München und Berlin. Der Baron von Speidel und Otto Brahm hatten telegrafisch angefragt. Sie wählte, begreiflicherweise, Berlin. Ende Juni schloß die

Spielzeit. Mein Vater hatte sich von den Kollegen eine besondere Jagdflinte, einen Drilling, gewünscht und erhalten. Ich durfte ihn in einer Droschke nach der Abschiedsvorstellung nach Hause bringen. Mein Vater war ein passionierter Jäger, und wir besuchten in den Ferien oft das Dorf Lohmen bei Pirna, wo ein Jagdfreund von ihm wohnte, dessen Revier auch ihm zur Verfügung stand. Ich war mit sieben Jahren einmal für einige Tage zu Besuch in Berlin bei meinen Verwandten gewesen, hatte aber eigentlich keinen tiefgehenden Eindruck von der Stadt erhalten. Aber jetzt zogen wir fort, nahmen Wohnung in der Nähe des Stadt-Bahnhofs Bellevue in der Thomasiusstraße, ohne Garten. Die Spree floß zwar in der Nähe, aber an den Ufern gab es nur Häuser. Eine unsagbar schöne Welt hatte ich verlassen, die – ich spürte es – mich nie wieder umgeben würde. Eine andere Zeit begann.

Berlin

Der Spielplan im Lessing-Theater war ein stark moderner. Dr. Otto Brahm hatte den Höhepunkt seiner Theaterlaufbahn schon überschritten. Ibsen und Gerhart Hauptmann hatten sich durchgesetzt. Max Reinhardt leitete jetzt das Deutsche Theater. Albert Bassermann war von Brahm zu Reinhardt gegangen. Zwar fand am 20. Oktober 1909 die Uraufführung von dem fünfaktigen Drama *Tantris der Narr* von Ernst Hardt statt, aber der König Marke, durch dessen Wiedergabe mein Vater sich einen Namen verschaffte, blieb eine der wenigen Rollen, die ihn voll befriedigten. Die Charakterrollen des klassischen Repertoires konnte er an dieser Bühne nicht wie in Dresden verkörpern. So wurden seine Kräfte nicht voll beansprucht, wie er es erwartet hatte. Das warf Schatten auf den Alltag. Auch in der Umgebung von Berlin, der märkischen Heide, konnte er wieder das Jagdrevier eines Freundes benutzen, wenn ihm freie Zeit während der Spielzeit blieb. – Es war daher verständlich, daß er einem Rufe aus Weimar folgte, wo am Hoftheater der Oberregisseur Karl Weiser pensioniert werden sollte und auch das Fach des Charakterspielers vakant war. Es war im Beginn des Jahres 1912, daß ein Gastspiel als Jago in Shakespeares *Othello* vereinbart wurde. Ich durfte meinem Vater soufflieren. Das hatte ich schon durch einige Zeit getan, wenn meine Mutter durch ihre Hausfrauenpflichten daran gehindert war. Allmählich lernte ich die Rolle des Jago auswendig und ebenfalls die Stichworte. Als dann das Engagement für den Herbst abgeschlossen wurde, war ich glücklich. Der Hof in Weimar und die leitenden Persönlichkeiten, der Generalintendant Freiherr von Schirach besonders, hatten sich voll und ganz für die Verpflichtung meines Vaters ausgesprochen. Eine Wohnung auf dem »Silberblick« war bereits in Aussicht genommen. Zur gleichen Zeit war meinem Vater in Berlin eine andere, ihn intensiv in Anspruch nehmende Aufgabe erwachsen. Ein damals noch unbekannter Dramatiker, Paul Friedrich, hatte ein neuartiges Drama, *Das Dritte Reich. Die Tragödie des Individualismus*, verfaßt, das als Matinee, wie das in einem solchen Falle üblich war, uraufgeführt werden sollte. Der Direktor des Friedrich Wilhelm-Städtischen Schauspielhauses, Max Nordau, hatte sich für diesen Versuch eingesetzt, sein Theater zur Verfügung gestellt, die Regie übernommen und auch ein Ensemble zusammengestellt. Mein Vater war für die Hauptrolle *Der Philosoph* verpflichtet worden. Es war eine Nietzsche-Tragödie. Schon 1911 hatte die Arbeit an dieser Rolle begonnen. Auch hier habe ich oft meinem Vater souffliert. Das Leben im Gymnasium, das Spielen auf der Straße, der Besuch der recht ausgedehnten Verwandtschaft meiner Mutter machte einen Hauptteil meines Lebens aus, aber die Stunden mit meinem Vater stellten alles in den Hintergrund. Die drei Weihnachtsfeste 1909, 1910 und 1911 leben in meiner Erinnerung tief auf. Das Schmücken des hohen Tannenbaumes durch die Eltern. Der Heilige Abend! Meine Mutter hatte die Sitte eingeführt, daß ich ein Gedicht aufzusagen hatte, welches sie meistens verfaßt hatte. Auch zum Geburtstag meines Vaters am 21. März hatte ich aufzusagen, und mein Vater dichtete auch der Mutter zu ihrem Geburtstag am 5. Oktober. Diese Augenblicke strahlten dann ihr Licht über den Alltag, denn es war nicht zu übersehen, daß Berlin mit seiner Großstadt-Atmosphäre eben schon ein Jahrzehnt nach dem Jahrhundertbeginn nervenzerreibend auf meinen Vater wirkte. Auch fehlte ihm trotz eines Freundeskreises eine Persönlichkeit, mit der er über alle Probleme, die ihn unablässig beschäftigten, hätte sprechen können. Hier war meine Mutter überfordert. Ich spürte nur, wenn wir oftmals schon mehr gegen den Abend eine Rolle durchgingen, wie ihn das beruhigte. Und so kam sein Geburtstag im März 1912 immer näher. Er wollte noch kurz vorher nach Wensikkendorf auf die Jagd fahren. Es war schon spät, ich lag im Bett, als er zu mir hereinkam im Jagdanzug. Am nächsten

Mittag, 20. März, kam ich aus der Schule und wurde von meiner Mutter empfangen. Ich spürte sofort, daß etwas geschehen war. Ihr Aussehen war verändert. Wir setzten uns auf die von meinem Vater selbst geschnitzte eichene Truhe im Wohnzimmer, und ich sagte ihr, sie müsse keine Angst haben, mir alles zu erzählen. Ich würde auch nicht weinen. So erfuhr ich, was ich dunkel ahnte, daß mein Vater nicht mehr am Leben war. Alles, was er zu durchleiden hatte: an der Bühne, auch im Umgang mit den Menschen – es hatte ihn überwältigt. Er sah keinen Ausweg mehr, hatte auch in sich nicht mehr die Kraft, Widerstand zu leisten, fast mag es sogar Nietzsches Tragik gewesen sein, die seine Seele ergriff. – Sein freiwillig gewählter Tod löste in Berlin einen starken Widerhall aus. Er hatte selbst nicht gewußt, wie er schon Wurzel gefaßt hatte. – Die Kremation mußte in Leipzig stattfinden, in Berlin gab es damals noch kein Krematorium. Die Urnenbeisetzung fand in der Kapelle des im Norden gelegenen Friedhofs statt. Nur an dieser Feierlichkeit durfte ich teilnehmen. Meine Mutter wünschte es so. Aber ich habe den Leichenwagen, als er vom Stettiner Bahnhof zum Anhalter Bahnhof kam, dort empfangen und nahm so von meinem Vater Abschied.

Zwölf Jahre erst war ich alt. Ich wußte es: mein Leben hatte nun einen veränderten Lauf genommen.

Unsere schöne Wohnung mußte nach dem Tode meines Vaters aufgegeben werden. Wir zogen nach Charlottenburg in die Droysenstraße. Die beiden in Berlin lebenden Brüder meiner Mutter hatten sich entschlossen, zu uns zu ziehen; und sie begann einen Künstler-Mittagstisch aufzubauen mit Studenten und ausübenden Künstlern der in der Nähe gelegenen Musik-Hochschule. Im Luisengymnasium erhielt ich Freischule und fuhr nun mit der Stadtbahn täglich zur Schule. So hatte der praktische Sinn meiner Mutter unserem Leben eine tragfähige Form gegeben, denn von der Pensionssumme aus Dresden allein hätten wir nicht existieren können. Es war eine fröhliche Tafelrunde, und die Musikalität meiner Mutter zog auch die jungen Menschen an. Aber noch vor dem Ausbruch des Ersten Weltkrieges zogen wir wieder in die Nähe des Hansaviertels in die Dortmunder Straße. Der Älteste der Brüder meiner Mutter, der eine Verbandstoffabrik besaß, konnte auf die Dauer den weiten Weg von Charlottenburg bis in den Osten Berlins nicht bewältigen. Eine jüngere Sängerin vom Klindworth-Scharwenka-Konservatorium hatte sich sehr an meine Mutter angeschlossen und das frei gewordene Zimmer bezogen. Milly Stephan-Mund blieb eine Reihe von Jahren in unserem Haus, bis sie an die Dresdner Oper verpflichtet wurde. Durch ihr Studium, an dem sie meine Mutter und mich teilnehmen ließ, habe ich in meinen Entwicklungsjahren viel Schönes erfahren, was mir über manche schwere Stunde hinweghalf. Ich schloß mich schwer an Altersgenossen an, lebte stark für mich und konnte den Verlust meines Vaters nicht verschmerzen.

Als mein Vater gestorben war, konnte meine Mutter die Vormundschaft übernehmen. Der Jagdfreund in Berlin, ein Kaufmann von nicht alltäglichem Format, stand meiner Mutter beratend zur Seite. In seiner Gattin hatte sie eine Freundin, die mit ihrem Leben ganz vertraut war. Die Zuneigung zu meiner Mutter übertrug sich auch auf mich. Ich verkehrte viel in diesem Hause, und der älteste Sohn wurde mein Freund. Wir waren gute Spielgefährten; ich machte alles mit, was ihn interessierte. Aber ich war überaus dankbar, wenn ich in diesen Familienkreis eingeladen wurde, und schaute mit Bewunderung zu dem Vater meines Freundes auf. Einschneidend war dann der vorbereitende Unterricht für die Konfirmation durch den Pastor der Heilandskirche. Auch ihm gegenüber empfand ich eine große Zuneigung und blickte ihn voller Erwartung an in den Stunden, die ich gern besuchte. Der Wunsch entstand, auch Pfarrer zu werden. Doch dann kam der Konfirmationssonntag. Meine Mutter und auch Milly Stephan begleiteten mich zur Kirche. Ich war zu erfüllt von dem zu erwartenden Geschehen. Bald nach dem Beginn der Feier entstand eine kleine Pause, und plötzlich erklang von der Empore Gesang mit Orgelbegleitung. Die Freundin meiner Mutter hatte sich das für mich ausgedacht, und der Pastor hatte seine Zustimmung gegeben. Einen schöneren, mich ganz in meinem Wesen berührenden Schlußpunkt für den Ausgang meiner Jugendzeit hätte ich mir nicht denken können. Zu Ostern 1916 wurde ich konfirmiert und verließ mit der Obersekunda die Schule. Die Berufswahl hatte meine Mutter für mich getroffen. Ich trat als Kaufmannslehrling in das Geschäft des Jagdfreundes meines Vaters, Paul Schweitzer, ein. Die Firma hieß: Hermann Tworoger, Samt und Seide en gros.

Bevor meine kaufmännische Lehrzeit begann, hatte ich einen Kursus in Stenografie und Schreibmaschine in der Charlottenburger Rackowschen Handelsschule absolviert. Obwohl ich gut mit allen zehn Fingern schreiben konnte, ist später kaum noch etwas davon übriggeblieben. Die Stenografie habe ich völlig vergessen. Ich lernte nun die Konfektion in Berlin kennen. Das Geschäft lag in der Kronenstraße, einer der Nebenstraßen der berühmten Friedrichstraße. Es waren immerhin schon zwei Kriegsjahre vergangen, und der Mangel an Rohstoffen machte sich bereits bemerkbar. Ich machte für die Reisenden auch Kollektionen fertig und lernte die Qualitäten der Samt- und Seidenstoffe kennen. Eine Reihe von Konfektionsfirmen kauften für das Jahr ein, und auch Einzelkunden mußten bedient werden. Es war lehrreich, die Verschiedenartigkeit der Verkaufsmethoden zu beobachten. Ein Verkäufer beeindruckte mich vor allem: er verkaufte nur das, was er verkaufen wollte. Und ich staunte, daß er meistens bei der Verabschiedung noch einen Dank einstecken konnte, obwohl die Kunden eigentlich gar nicht das hatten kaufen wollen.

Schon bald nahm der Rohstoffmangel zu, so daß das Arbeitsfeld sich verringerte. Dagegen blühte das Geldgeschäft, besonders an der Börse. Und so kam es, daß der Direktor einer Bank Hilfskräfte suchte und ich ihm empfohlen wurde. So trat ich denn in den Berliner Makler-Verein ein, um meine dreijährige Lehrzeit dort zu beenden. Das war nun ein ganz anderes Milieu. Ich war im Schlußschein-Büro tätig. Jeder Makler hatte sein Journal, in das er seine Geschäfte eintrug. Ich erinnere mich an eine auffallende Persönlichkeit. Fast alle Makler waren Juden, aber nicht strenggläubig. Dieser jedoch erschien am Freitagnachmittag immer mit Zylinder, schrieb seine Käufe und Verkäufe ein, bis es 6 Uhr schlug. Dann legte er oft mitten in der Eintragung den Füllhalter zur Seite, ließ sein Börsenbuch liegen, setzte den Zylinder auf und verließ schweigend das Büro, um in die Synagoge zu gehen. Es war ein verantwortungsvolles Arbeiten, aber es machte mir Freude. Als ich die Möglichkeit hatte, zum Theater gehen zu können, riet mir der jüngere Direktor, doch noch zu bleiben: »Bis Sie eine Villa im Grunewald besitzen!« Er wollte mir helfen, aber ich habe nie an der Börse spekuliert. Meine Mutter hatte es damals schwer, mich in meinem Entschluß zu begreifen.

Doch ich bin damit den Ereignissen vorausgeeilt. Das Bankhaus lag nahe zur Straße Unter den Linden, nicht weit von der Universität und der Oper. Oft hatte ich eine Karte für die Oper in der Tasche und konnte sie nicht benutzen, weil wir das Büro so spät verließen. An der Universität belegte ich zwei Kollegs. Prof. Dr. Eduard Heilfron las über Bank- und Börsenrecht und Professor Dr. Max Herrmann über deutsche Romantik. Beide Professoren beeindruckten mich. Sie lasen nicht, sondern sie trugen frei vor, was sie erarbeitet hatten. An solchen Vorlesungen durfte man teilnehmen, ohne immatrikuliert zu sein.

Mein Hauptinteresse aber galt dem Theater. Zwar habe ich während mein Vater noch lebte, kaum eine Vorstellung besucht, aber in meinem Bewußtsein nahm die Bühnenwelt doch den größten Raum ein. In Dresden gab es ein Naturtheater mit Aufführungen auch für Kinder. Diese durfte ich mit meiner Mutter besuchen. *Wahrheitsmündchen und Lügenmäulchen* hieß eines dieser Stücke. Das regte ein uns gegenüber wohnendes Mädchen, das einige Jahre älter war als ich, und mich an, auch Theater zu spielen. Die Vorstellungen fanden im Garten statt. Regie führte Phili, ihre ältere Schwester, und eine Reihe von Kindern spielten noch mit. Der Erlös wurde unter den Hausmannskindern verteilt. Philine Leudesdorff-Tormin ist später in Hamburg am Thalia-Theater der Liebling der Stadt gewesen. In Berlin, zu Lebzeiten meines Vaters, habe ich nur einmal vom Beleuchter aus, der neben dem Souffleur seinen Platz hatte, »Hanneles Himmelfahrt« gesehen. Das Stück ergriff mich sehr. Es wurde auch an einem Sonntag gegeben. Und so erfüllte mein Vater mir einmal meinen Wunsch. Er wollte mich von der Bühnenwelt fernhalten. Es freute ihn, wenn ich ihn zum Theater begleitete oder ihn abholte. Ich ahnte damals nicht, daß ich 1925 anläßlich eines Eurythmie-Gastspieles eben dort im Lessing-Theater den Faust in der Arielszene darstellen würde.

Unvergeßlich ist mir, wie mir mein Vater von dem Gastspiel der Meininger in Moskau erzählte. In glühenden Farben schilderte er die Stadt und sprach voller Bewunderung von der hohen Darstellungskunst der russischen Schauspieler. In Weimar hoffte er, von Grund aus etwas Neues aufbauen zu können. So war es auch verständlich, daß er mir das Versprechen abnahm, nicht zur Bühne zu gehen. Dabei liebte er seinen Beruf über alles. Und so, wie mir von seinen Rollen der Tonfall seiner Sprache, in seiner Verschiedenartigkeit noch bis zur Stunde im Ohr klingt, so haben im Laufe der vielen Jahre mir immer wieder Menschen, die ihn auf der Bühne erlebten, oftmals bis in Einzelheiten ihre unvergeßlichen Eindrücke, die seine Kunst hinterlassen hatte, geschildert. Das Versprechen lag auf meiner Seele. Ich hatte einen schweren inneren Kampf zu bestehen. Meine Mutter wußte darum und willigte ein, wenigstens durch ein Vorsprechen zu sehen, ob überhaupt ein Weg sich für mich öffnen würde. Der erste Versuch mißlang. Mein Vater war von seiner ersten Berliner Zeit her vor der Jahrhundertwende eng mit Albert Bassermann befreundet. Er hatte an dem tragischen Ende meines Vaters Anteil genommen und meiner Mutter trostvoll mit anderen Kollegen zur Seite gestanden. Ich verehrte ihn als Künstler; er schickte uns hier und da Freikarten. So konnte ich es wagen, ihn zu fragen, ob er mich einmal anhören würde. Er tat es. Aber es kam kein Kontakt zustande, und ich glaube, ich hatte auch keine gute

Auswahl getroffen. Dann aber kam Hermine Körner von Dresden nach Berlin. Sie begeisterte mich durch Spiel und Sprache. Und da sie sich meinem Vater noch als frühere Kollegin von Dresden her verbunden fühlte, war sie bereit, mich einmal zu empfangen. Ich sprach ihr den Bratt, einen Monolog aus *Über die Kraft* von Björnstjerne Björnson, vor. Mein Vater hatte die Rolle in Dresden gespielt und liebte diese Gestalt besonders. Ich hatte das Stück oftmals gelesen, und die Figur dieses nordischen Geistlichen, der die anderen Pastoren überzeugen will, daß es noch Wunder gibt, wenn nur der Glaube stark genug ist, hatte mich immer wieder beschäftigt. Natürlich war ich zu jung für diese Rolle – mit meinen 17 oder 18 Jahren, aber Frau Körner muß doch einen Eindruck empfangen haben, denn sie schrieb 1919, als sie in München die Leitung des Schauspielhauses übernommen hatte, daß sie mich gern verpflichten würde und mir bei der Eröffnung den Benjamin in Strindbergs Jahresfestspiel *Ostern* als Antrittsrolle zugedacht hätte. Meine Mutter, als mein Vormund, schrieb wohl bejahend, knüpfte aber in ihrer Art eine Bedingung daran, die nicht übernommen werden konnte. Denn über das Maß des rein Künstlerischen hinaus konnte ja niemand eine Verantwortung für mich übernehmen. Und so führte auch dieser zweite Versuch mich nicht weiter.

In Berlin war meine Mutter durch ihre Verwandten in einen weiten Kreis eingespannt. Seit dem Tode meines Vaters wurde mir gerade von dieser Seite viel Liebe entgegengebracht. Aber es lag in meiner Natur, daß ich diese nicht in dem Maße erwidern konnte, wie das erwartet wurde. Das machte mir das Leben nicht leichter. Zwei Menschen muß ich aber ausnehmen. Es waren die Frau des Vetters meiner Mutter und der zweite Mann einer entfernten Kusine, der eine ausschlaggebende Rolle in meinem Leben spielen sollte. Es fiel mir nicht leicht, an einem Familienabend teilzunehmen, an dem der neue Vetter die Familienmitglieder kennenlernen sollte. Meiner Mutter zuliebe ging ich dennoch mit. Aber ich beteiligte mich nicht an der Unterhaltung. Da fragte mich plötzlich der neue Verwandte über den Tisch weg: »Und Sie, Edi, was tun Sie?« Darauf war ich nicht vorbereitet. Ich überwand meine Scheu, weil der offene Ton mir sympathisch war und Vertrauen in mir erweckte. So erzählte ich denn von meinen Erlebnissen als werdender Kaufmann, ließ aber durchblicken, daß mich meine Arbeit im Grunde nicht befriedige. Dann brachte ich zum Ausdruck, daß ich mich mit dem Theaterwesen verbunden fühle. Ich spürte ringsherum ein Staunen. Es war wohl für alle eine Überraschung, was ich da von mir gab, und es paßte auch nicht zu dem Bild, das man sich von mir bisher gemacht hatte. Als ich geendet hatte, sagte Ludwig Hoffnung: »Es ist gar nicht so dumm, was der Edi da erzählt hat.« Und er ließ mich spüren, daß er meine Idee unterstützen würde. Das war im Winter 1919. Er fragte mich, was ich wohl an Geldmitteln brauchen würde, um eine Theaterlaufbahn einzuschlagen. Ich erwiderte, daß ich vor allem für meine Mutter eine bestimmte Summe erhalten müßte, wenn ich den Kaufmannsberuf an den Nagel hängen würde. Offen blieb die Frage meiner Ausbildung. Durch diese Initiative fühlte sich der Vetter meiner Mutter aufgerufen, ebenfalls zu helfen, und so kam es tatsächlich dazu, daß ich Ostern 1920 die Bank verlassen konnte. In Berlin hatte sich der Gesangspädagoge Professor Oskar Daniel einen Namen erworben durch seine Methode, auch im Großen Schauspielhaus, dem ehemaligen Zirkus Schumann, verstanden zu werden. Er nahm mich als Schüler an. Die Lektion dauerte 20 Minuten und kostete 20 Goldmark. Er unterrichtete nach dem Lehrbuch ›Der kleine Hey‹. Es war eine nasale Technik, die man sich aneignete, und der Ton trug in der Tat. Ludwig H. besaß ein Getreidegeschäft en gros und freute sich über meine Fortschritte. Neben mir warteten am Morgen oftmals Agnes Straub oder Johanna Hofer. Zahlreiche namhafte Schauspieler nahmen dort Unterricht. Als ich mich bei dem Agenten meines Vaters vorstellte, bekam ich bald ein Engagement. Ich konnte im Herbst nach Guben/Niederlausitz gehen. Das Stadt-Theater gehörte der Genossenschaft Deutscher Bühnenangehörigen, dem Verband aller

Bühnenkünstler. Der Leiter war ein früherer Kollege meines Vaters. Es war ein merkwürdiger Augenblick, als ich mir einen Personalausweis vom Polizeirevier abholen konnte und als Beruf nun Schauspieler vermerkt war. Meine Mutter hatte ihre Einwilligung gegeben, denn ich war ja noch nicht mündig, und so mußte sie auch den Vertrag mitunterzeichnen. In der Bank war man überrascht, als man von dieser Veränderung hörte. Nicht leicht war freilich ein Gespräch mit Paul Schweitzer, der für meinen Entschluß zunächst kein Verständnis zeigen konnte. Er erinnerte mich an meinen Vater und an dessen hohe Kunst, die ich wohl nicht überflügeln würde können. Auch rief er mir in Erinnerung, was ich bereits als Kaufmann mir erarbeitet hatte. Ich entgegnete: »Ich betrachte es nicht als mein Ideal, Geld zu verdienen!« Da veränderte sich seine Haltung mir gegenüber. Nur spürte ich, wie sehr ich ihn mit meinem Bekenntnis enttäuscht, wahrscheinlich sogar getroffen hatte. Jahre später war es aber für mich eine große Befriedigung, daß er mich zu Kempinski zum Mittagessen einlud, mich ausführlich erzählen ließ – ich war damals schon in Dornach –, wie die Arbeit am Goetheanum vor sich ginge und von dem berührt wurde, was ich ihm berichtete. Der Sprechchor hatte schon in Berlin sein erstes Auftreten gehabt und große Anerkennung gefunden. »Habt ihr auch eine Krankenkasse?« Ich setzte ihm auseinander, wie die sozialen Einrichtungen beschaffen waren, und er war zufrieden. Das war eine unvergeßliche Stunde. Er emigrierte später nach Südamerika. Ich sah ihn nie wieder.

Ein Ereignis muß ich noch hervorheben: den Tag der deutschen Revolution, den 9. November 1918. Ich hatte mich nicht besonders um Politik gekümmert. Den Krieg mit seinen schlimmen Folgen nahm ich als etwas Unvermeidbares hin. Ich wurde noch im Sommer 1918 gemustert, aber als kriegsverwendungsunfähig zunächst zurückgestellt. Dagegen wurde ein älterer Mitschüler von mir, ein Musiker, noch eingezogen und fiel im Westen Anfang Oktober. Erich Elsner hat mir mit lodernder Begeisterung Beethoven nahegebracht. Wir besuchten gemeinsam die Symphoniekonzerte in der Philharmonie unter der Leitung von Arthur Nikisch. Das waren bleibende, sich tief einprägende Erlebnisse. Dann gingen wir nach solchen Konzerten durch den Tiergarten nach Hause, und Erich wurde nicht müde, mir die Schönheiten der Kompositionen nahezubringen. Als er Abschied nahm, bat er mich, ihm die Schluß-Szene aus Henrik Ibsens weltgeschichtlichem Schauspiel *Kaiser und Galiläer* vorzulesen: den Tod von Julian Apostata. Viele, viele Briefe schrieb er mir noch. Musik ging ihm über alles. Es gab noch andere künstlerische Kreise von Jugendlichen, zum Beispiel einen literarischen Verein, den ein junger Kaufmann, der in der Nebenstraße von uns wohnte, ins Leben gerufen hatte. Natürlich hatte ich für mich auch seit Jahren »geschrieben«: Gedichte und Prosa. Regelmäßig kamen wir zusammen, besuchten Theatervorstellungen, besonders bei Reinhardt. Ich las einmal ein Spiel in Versen »Bilder des Lebens« vor. Die Freundin des Leiters schrieb es auf der Schreibmaschine ab, damit ich es dem S. Fischer Verlag einreichen konnte. Moritz Heimann, der bekannte Lektor, antwortete mir. So kam es zu einer Begegnung mit dieser sympathischen Persönlichkeit. Ich hatte die kleinen Dramen von Hugo von Hofmannsthal gelesen und rezitiert und sah in ihm ein Vorbild. Heimann empfing mich freundlich und sagte mir nach einigen Worten: »Es ist noch nichts.« Dann gab er mir das Manuskript zurück. Aber in seinen Worten: noch nichts – lag nichts Abschätzendes, sondern eine Aufforderung zur weiteren Arbeit. Ich war ihm für dieses kurze Gespräch sehr dankbar und vergaß es nicht. In dem literarischen Verein lernte ich eine Reihe von jungen Leuten kennen, und am 9. November 1918 besuchte ich in der Nähe vom Potsdamer Platz einen von diesen. So erlebte ich gegen Abend, was sich in der Stadt abspielte. Die Lastautos fuhren voll mit jungen Burschen und Mädchen Arm in Arm mit roten Fahnen grölend durch die Straßen. Es war ein wildes Durcheinander, chaotisch. Mich stieß dieses Gebaren ab, auch verstand ich das Geschehen nicht. Ein Grauen erfaßte mich. Ich kam zerschlagen nach Hause. Eine Zeit war vorüber. Ich hatte sie mit allem, was sie mir auch gab, einfach hingenommen. Ich konnte mir nicht vorstellen, was nun werden würde. Ein schwarzer Tag, dieser 9. November. Nichts Erhebendes brachte er, aber einschneidend waren die Ereignisse auch für meine Zukunft. Das fühlte ich wohl. Doch aus all dem Umstürzenden, das noch folgte, hob sich etwas heraus. Noch bevor ich in mein erstes Engagement fuhr, war ein Buch erschienen, das mich erregte: ›Demian, die Geschichte einer Jugend‹, von Emil Sinclair. Niemand kannte den Verfasser, alle fragten nach ihm. Hier hatte ein Mensch zur Jugend gesprochen, und sein Wort wurde aufgenommen. Ich hatte auch die Wandervogelbewegung mitgemacht, es gab Begegnungen mit einigen dieser Führer, beispielsweise mit Karl August Wittfogel, hatte Hans Blüher gehört, Wyneken mit seinen Zielen verfolgt. Aber nun – Demian! Nach einiger Zeit konnte man lesen, daß Hermann Hesse den Roman verfaßt hatte. Er bekannte sich zu seinem Werk. Aber seine Worte, wie mir schien, von einer Resignation durchzogen, enttäuschten mich. Ich hatte erwartet, daß nun etwas entstehen würde durch dieses Buch, etwas, doch was, ich hätte es nicht näher beschreiben können. Aber die Erwartungen waren allenthalben hoch gespannt. Das Motto des Buches sagte ich immer wieder vor mich hin: »Ich wollte ja nichts als das zu leben versuchen, was von selber aus mir heraus wollte. Warum war das so sehr schwer?«

Das war die Frage. Einer hatte sie formuliert und versucht, eine Antwort zu geben. Ich wußte: es ist eine Lebensfrage. Aber ich wußte nicht, wie das Leben selbst für mich die Antwort gestalten würde. So verließ ich Berlin im Herbst 1920.

An deutschen Bühnen

Guben, eine Stadt mit rund 40000 Einwohnern, eine Metropole der Hutmacher, lag an der Neiße. Das Flüßchen bildete mitten in der Stadt eine Insel. Dort befand sich das Theater, 900 Zuschauer fassend. Man konnte schöne Spaziergänge der Neiße entlang machen. Im Theaterbüro bekam ich einen Zettel ausgehändigt mit Adressen, um mir ein Zimmer zu suchen. Ich sah eines nach dem anderen an. Ziemlich bald läutete ich im ersten Stock der kleinen Teichbornstraße 3. Ein älteres Fräulein öffnete mir. Glatt gescheiteltes dunkles Haar, von kleinerer Statur. Freundliche Augen blickten mich an. Ich sagte den Grund meines Kommens und fragte nach dem Preis des Zimmers. »Für Sie 45 Mark.« Das war das erste Wort, das ich von Emma Netzer hörte. Sie war mir im Preis um 5 Mark entgegengekommen. Das geräumige Zimmer ging zur Straße hinaus. Wenn man über den Hausflur ging, kam man in einen großen Raum, den die Wohnungsinhaberin benutzte; anschließend die Küche. Ich mietete nicht sofort, sondern sagte, ich wolle mir noch die übrigen Zimmer ansehen. Sie fand das ganz in Ordnung. Bald kehrte ich aber zurück. Ich habe das Zimmer bis zum Ende der Spielzeit bewohnt, und es verband mich mit diesem Menschen eine echte Freundschaft. Ich kann es nicht näher begründen, aber sie erinnerte mich sofort an die Gestalt Martha Gude in Knut Hamsuns Roman ›Mysterien‹. Fräulein Netzer war eine regelmäßige Theaterbesucherin, aber sie sagte mir nicht viel darüber. Später entdeckte ich ihr sicheres Urteil. Dem Leben und der Kunst gegenüber empfand sie ganz natürlich. Ihre Eindrücke wurden durch nichts getrübt. Sie besaß einen unverdorbenen Instinkt, und ihr einfaches Gemüt leitete sie sicher. Als ich 1921 in Nordhausen am Harz engagiert war, bekam ich plötzlich zu Weihnachten von ihr ein Paket mit allerlei schönen Sachen. Sie hatte es aus Amerika von ihrem Bruder erhalten. »Für mich ist es zu viel. Da wollte ich es mit jemandem teilen«, schrieb sie. So war sie. Ich konnte ihr alles erzählen, was ich erlebte. Sie hörte still zu. Hier und da gab sie mir einen Rat oder sprach sogar eine Warnung aus; so einmal einem Freund gegenüber, den ich glaubte, gewonnen zu haben. Sie war unbestechlich. Ohne sie wäre diese erste Spielzeit viel schwerer zu bewältigen gewesen. Ich fühlte mich in meinem Zimmer wie zu Hause.

Zur Eröffnung wurde *Der Widerspenstigen Zähmung*, das Lustspiel von Shakespeare, gegeben. Ich bekam die Rolle des Gremio, einen von Biancas Freiern. Ein alter Geck. Ich war ziemlich ratlos. Ein Rollenstudium hatte ich nicht absolviert, war auf die Eindrücke angewiesen, die ich beim Soufflieren durch meinen Vater empfangen hatte und auf mein Talent. Hatte ich überhaupt Talent? Dann kam die erste Probe; ich war frühzeitig auf der Bühne und wartete auf meinen Auftritt. Der andere Freier der Bianca, Hortensio, ein jugendlicher Liebhaber, wartete ebenfalls. Wir hatten uns einander vorgestellt; er hieß Lutz Heinle. Ich fragte ihn: »Weshalb sind Sie am Theater?« Da antwortete er: »Wegen Jesus Christus.« Das hatte ich nicht erwartet. Ich konnte ihm nichts erwidern. Später – unsere Freundschaft blieb bestehen, auch als sich unsere Lebenswege nach Ende der Spielzeit trennten – stellte ich fest, daß dieses – ihm und mir nicht bewußt – die erste Berührung mit der Anthroposophie war. Heinle stammte aus Mannheim und gehörte zu dem großen Kreis von Menschen, die sich um den Pfarrer Klein scharten. Wie in Berlin Friedrich Rittelmeyer eine Gemeinde besaß, so in Mannheim Pfarrer Klein. Seine Verbindung zur Anthroposophie war Heinle nicht bekannt. Paul Klein war persönlicher Schüler von Rudolf Steiner.

Ich kam schwer zurecht mit meiner Rolle. Auch hatte ich außer Heinle keinerlei Beziehungen zu den übrigen Kollegen; ich fühlte mich fremd im Ensemble, und das hatte auch seine Rückwirkung auf meine Darstellung. Bei der Generalprobe mußte eine meiner Szenen wiederholt werden. Ich litt unter diesem Umstand. Die Regie führte Siegfried Heinzel, der Direktor, der meinen Vater gut kannte und schätzte. Er hatte mich auf Empfehlung meines Agenten, der auch schon für meinen Vater gearbeitet hatte, engagiert und stand mir von Anfang an wohlwollend gegenüber. Auch jetzt wollte er mir durch die Wiederholung noch eine Gelegenheit geben, Sicherheit zu erlangen. Die Kollegenschaft – das erfuhr ich später – hatte nichts gegen mich; einige sprachen sogar von meiner Karriere. Ich war niedergeschlagen. Dazu kam, daß gleichzeitig die erste Operette einstudiert wurde, bei der ich mitzuwirken hatte wie jeder Anfänger. Ich hatte zwar eine gute Stimme, war aber nicht musikalisch geschult und konnte nicht tanzen. Die ersten Proben zur *Czardasfürstin* waren qualvoll. Aber ich biß die Zähne zusammen und lernte eben durch Zusehen und Zuhören.

Unser Kapellmeister hatte zudem nur ein schreckliches Klavier zum Einstudieren zur Verfügung und hämmerte wütend darauf los. Bei dem Instrument und bei mancher »Musikalität« kein Wunder. Die Krise blieb nicht aus. Eines Tages erwartete ich Heinle zum Kaffee und hatte Kuchen eingekauft. Als ich von der großen in die kleine Teichbornstraße einschwenkte, blieb ich stehen. Ich konnte nicht weiter. In meinen Überlegungen dominierte nur der Gedanke: Fort, die Koffer packen, abreisen! Es lag etwas Zwingendes in dieser Vorstellung. Ich mußte meine ganze Kraft zusammennehmen, um nicht zu unterliegen. In mir war das Empfinden ganz stark: wenn du jetzt fliehst, wirst du auch später am anderen Orte wieder fliehen wollen, fliehen müssen. Mit dem Packen der Koffer ist das Problem nicht gelöst. – Ich raffte mich schließlich auf und ging weiter. Heinle sagte ich nichts von dem Vorfall. Später habe ich diesen Augenblick den toten Punkt getauft.

Das Gubener Theater war eine gute Provinzbühne. Der Direktor stellte den Spielplan auf, und jedermann wußte, daß man sich danach richten konnte. Zuweilen benutzten einige Mitglieder diese Stabilität zu einem Abstecher nach Berlin; fast immer glückte es. Damals wurden auch Kammerspiel-Aufführungen eingeführt. Es war für Heinle und mich eine Auszeichnung, als Heinzel die Kindertragödie *Frühlings Erwachen* von Frank Wedekind ansetzte und uns die Regie übergab; nach außen zeichnete er verantwortlich. Heinle spielte den Melchior Gabor, ich Moritz Stiefel. Es war wohl der Höhepunkt in unserem ersten Engagement. Wenn ich freilich denke, wie heute Wedekinds Stück inszeniert wird, wie man heute über dieses Drama spricht, so kann ich nur staunen, wie sich von Grund auf sowohl im Theaterleben als auch allgemein betrachtet die Ansichten verändert haben. Es herrschte auf allen Proben ein absoluter Ernst der Dichtung gegenüber. Wir änderten nichts im Text, und es wäre niemandem eingefallen, frivol über die eine oder andere Szene sich zu äußern. Wir spielten eine Kindertragödie, wie der Dichter sie geschrieben hatte. Meine Mutter war aus Berlin gekommen und war recht zufrieden. Ihr Erscheinen gab zu einer netten Szene Anlaß. Ich war nun schon einige Zeit in Guben. Man kannte mich als Schauspieler, wußte sonst aber nichts über mich. So erzählte mir das gute Fräulein Netzer die Geschichte. Als nun meine Mutter, die sich ein jugendliches Aussehen bewahrt hatte, auftauchte, da tuschelte man hier und dort: Das ist *Sie!* Man lebte eben in einer Kleinstadt.

Unser Spielplan war vielseitig, und so lernte ich von Rolle zu Rolle, was man durch das Zusammenspiel besonders sich aneignen kann. Das Auftreten in den Operetten war letztlich ein Plus. Trost fand ich übrigens von Anfang an bei der Gewandmeisterin, Emma Kutscherscheck. Sie verstand es durch einfache Mittel die Kostümierung zu beleben. Sie kam aus Riga, hatte gutes Theater gesehen und vieles erlebt. In der Stadt gab es auch einen literarischen Verein, durch den man für Rezitationsvorträge bei den Veranstaltungen aufgefordert wurde. Ich las aus den Tiergeschichten von Manfred Kyber vor. Der Vorsitzende war ein Nervenarzt, Dr. Paul Kohn. Er war auch als Phrenologe bekannt, zeigte mir seine Sammlung von den verschiedenen Ohrformen und erklärte mir die Dreiteilung dieses so wichtigen Sinnesorganes: die obere, untere und mittlere Partie. Von meinem Ohr machte er auch eine Aufnahme. Durch ihn und durch die

Vereinsabende lernte ich noch einige andere Persönlichkeiten kennen. Auch machte ich meine erste Erfahrung über den Einfluß der Stadtväter auf die Leitung des Theaters. Ich sah, wohin das führen konnte. Auch wie die Rollenbesetzungen manchmal vor sich gingen, erlebte ich, und so waren diese Monate eine gute, bedeutende Schule, um das Wesen der Bühne näher kennenzulernen. Was mich da erfüllte, bewegte, habe ich in vielen stundenlangen Gesprächen mit Edith Beyer besprechen können. Sie war Baltin und als Heldenmutter, wie man dieses Fach bezeichnete, engagiert. Schon bald als Herzogin von Friedland war sie mir im *Wallenstein* durch Gestalt, edle Gebärden und durch ihre eindrucksvolle Sprache aufgefallen. Hier, das fühlte ich, kam dem Zuschauer eine Persönlichkeit entgegen im hohen Grade. Ihre Darstellungskunst ging weit über das Maß des anderen Ensembles hinaus. Wir freundeten uns an, obwohl ein beträchtlicher Altersunterschied zwischen uns lag. Mit ihr sprach ich von meinem Vater und schilderte ihr, was mir als eine Reformation des Theaters vorschwebte. Ich fühlte mich von ihr verstanden. Von meinen Plänen werde ich später berichten, aber hier in Guben formte sich durch ihre innere Anteilnahme der Ausgangspunkt. Es wurde mir klar: so kann es nicht weitergehen. Als ich um die Osterzeit 1921 Guben verließ, war ich durch vieles hindurchgegangen, besaß nun ein gutes Rüstzeug und schaute dankerfüllt auf das Erlebte zurück. Zahlreiche Menschen hatte ich näher kennengelernt, auch Enttäuschungen und bittere Erfahrungen gemacht, aber doch eine Führung spüren können, die mich durch alle Fährnisse trug. Schon im Frühjahr hatte ich in Berlin meinen zweiten Vertrag unterschreiben können.

Mit dem Stadt-Theater in Nordhausen war das Kur-Theater in Bad Harzburg verbunden. Das war ein glücklicher Umstand, denn so hatte ich keine lange engagementslose Zeit im Sommer in Berlin. Der Direktor, Erich Fisch, hatte durch seine Inszenierungen von sich reden gemacht. Oper, Schauspiel und Operette wechselten gleichmäßig ab. Das Theater war ein moderner Bau; der Zuschauerraum faßte nur 600 Personen. Nordhausen war eine Stadt mit 35000 Einwohnern. Die zur Verfügung stehenden Mittel erlaubten der Theaterleitung mancherlei Versuche. Ich wurde als jugendlicher Charakterspieler verpflichtet. Fisch war eine aufgeschlossene Persönlichkeit; initiativ. Er suchte neue, eigne Wege. Alles Schablonenhafte mied er. Ich erkundigte mich nach dem Schauspiel-Ensemble. »Auch eine Reihe von jungen Kräften«, erwiderte er, »und mit dem Dramaturgen, den ich habe, werden Sie sich befreunden.« Als Fisch aus Berlin nach Nordhausen zurückgekehrt war, fragte ihn der Dramaturg, dem das Schauspiel besonders am Herzen lag, nach den neu verpflichteten Mitgliedern des Ensembles. »Eine Reihe von jungen Kräften auch, und mit dem jugendlichen Charakterspieler werden Sie befreundet werden.« So wartete denn Otto Wiemer, der Dramaturg, in seinem kleinen Büro im Harzburger Kur-Theater auf den jugendlichen Charakterspieler, und ich war gespannt auf die erste Begegnung mit dem so angekündigten Dramaturgen. Und als ich dann die Tür zu Wiemers Arbeitsraum öffnete und ihn sah und er mich, da war es wirklich, als wenn wir aufeinander gewartet hätten. Die Verbindung war eine augenblickliche. Bald darauf lernte ich den Charakterspieler auch kennen, Gerhard Hausmann, der nur einige Jahre älter war als ich; Wiemer mehr als ein Jahrzehnt. Beide waren voller Begeisterung für die Bühnenkunst und hatten sich schon in der vorhergehenden Spielzeit kennengelernt. Es verband sie eine schöne Freundschaft.

Wiemer hatte sich durch zwei Inszenierungen einen Namen gemacht. Einmal durch die Einstudierung von Ibsens dramatischem Gedicht *Peer Gynt* und von Wedekinds *Erdgeist*. Diese Tragödie hatte er, den Gedanken des Prologs fortführend, in einer Manege spielen lassen. Für Peer Gynt hatte er eine dreiteilige Bühne aufgebaut und entsprechend die Schauplätze verteilt. Er hielt gleichzeitig einführende Vorträge zu den Aufführungen. Fisch wollte auch im Sommer das moderne Schauspiel pflegen und hatte Kammerspielabende angekündigt. Mit Strindbergs Komödie *Rausch* wurde die Spielzeit eröffnet. Ich spielte den »Emile«. Ich sah mit großer Erwartung der Arbeit entgegen, die nicht mehr in den üblichen Bahnen sich bewegte. Das lag vor allem an der Einstellung Wiemers der Dichtung, der Sprache gegenüber. Er hatte auch in Berlin noch Emil Milan an der Universität erlebt. Es ging etwas Anziehendes von seiner Person aus. Gegenüber vom Theater hatte er seine Wohnung, und so kamen wir von nun an oft zu dritt dort zusammen. Wiemer und Hausmann lasen in Vorträgen von einer mir bis dahin unbekannten Persönlichkeit. Ich hörte den Namen Rudolf Steiner hier zum ersten Male und spürte die hohe Verehrung, welche man diesem Menschen zollte. An ihren Vorlesungen ließen sie mich teilnehmen wohl in der Hoffnung, daß ich dadurch einen Zugang zu der Welt finden würde, die ihnen alles galt. Aber ich konnte mir keine rechte Vorstellung von dem Inhalt der Vorträge bilden. Für mich hatten die Worte Empfindungsseele, Verstandesseele, Bewußtseinsseele keinen Inhalt. Ich stand dann lieber von meinem Platze auf und betrachtete die vielen schönen Reproduktionen, die an den Wänden hingen. Wiemer war in Leipzig Mitglied der Anthroposophischen Gesellschaft geworden und hatte in der Kunsthandlung Mittenzwey mitgearbeitet; später in Köln in der Kunsthandlung Goyert. In der sogenannten Dreigliederungsbewegung hatte er sich als Redner betätigt. Er kannte Rudolf Steiner aus dieser Zeit persönlich. Das alles interessierte mich mehr am Rande, als daß es mir etwas Besonderes gesagt hätte. Eines Tages aber, als die beiden Freunde wieder eifrig mit dem Lesen der »Zyklen«, wie die Vorträge kurz genannt wurden, beschäftigt waren und ich die Bilder betrachtete, entdeckte ich etwas abseits hängend eine Photographie, die mich sogleich fesselte. Es war offensichtlich die Aufnahme von einem Gemälde. Das Antlitz des Mannes, dunkelhaarig mit wunderbar sprechenden Augen beeindruckte mich tief. Ein Kopf, wie ich ihn noch nie gesehen hatte, gewiß ein Mensch unserer Tage, aber, wie mir schien, ein zeitloses Gesicht. Ich fragte nach dem Namen. »Das ist Dr. Steiner.« »Das ist Dr. Steiner? Ja, dann weiß ich alles«, entfuhr es mir. Und von diesem Tage an suchte ich meinen Weg zur Anthroposophie.

In der kurzen Zeit zwischen den beiden Engagements, nach Beendigung der Harzburger Spielzeit, war ich in Berlin und fuhr zur Motzstraße 17, um Mitglied der Gesellschaft zu werden. Ich wartete in einem Zimmer. Da öffnete sich eine Tür und Rudolf Steiner trat ein. Er fragte mich mit seiner warmen tiefklingenden Stimme: »Was wünschen Sie?« »Ich möchte Mitglied werden.« »Nun, dann wenden Sie sich an unseren Herrn Seiler.« Damit verließ er den Raum. Das war meine erste Begegnung mit Rudolf Steiner am 15. September 1921. Am Abend sprach er öffentlich in der Philharmonie über »Die Bedeutung der Anthroposophie in Wissenschaft und Leben der Gegenwart«. Am Tag darauf war ein »Logenvortrag« in der Potsdamer Straße 39, und am 17. sah ich eine Eurythmie-Aufführung, offenbar als Generalprobe zu der am 18. stattfindenden Matinee in den Kammerspielen des Deutschen Theaters. Mich beeindruckte vor allem die eurythmische Wiedergabe des *Märchens vom Quellenwunder*. Die Bewegungen der »Tautropfen« waren wirklich zaubervoll. Ich sah hier auch eine Reihe von prominenten Mitgliedern der Gesellschaft, so die Gattin des Generaloberst Helmuth von Moltke, die Gräfin Elisa von Moltke und Emil Leinhas. Beides auffallende Erscheinungen. Schon am 19. September begann die neue Saison in Nordhausen. Das Datum der Mitgliedskarte, die mir nachgeschickt wurde, war der 3. Oktober 1921, unterzeichnet von Dr. Ing. Carl Unger.

Schon in Harzburg hatte der moderne Spielplan nicht überall Zustimmung gefunden. Das war zu spüren, als wir die beiden Einakter von Frank Wedekind *Der Kammersänger* und *Tod und Teufel* aufführten. Auch im Ensemble hatten sich zwei Parteien gebildet. Die eine war ganz dem Naturalismus ergeben; die andere suchte neue Ausdrucksformen. Die Zuschauer erwarteten natürlich auch einen anderen Spielplan als gerade an Sommerabenden – Problem-Theater! Und so schloß die Saison früher, als es vorgesehen war. Ein Teil des Ensembles – was blieb uns anderes übrig – spielte auf eignes Risiko weiter. Hausmann und ich schlossen uns an. Wiemer war gewiß nicht erfreut darüber. Die älteren Kollegen hatten skeptisch unserer Beteiligung zugesehen und staunten noch mehr, als wir auch Sudermann spielen konnten wie sie oder andere Stücke. Sie verstanden überhaupt nicht, daß man nach anderen Wegen suchte. Es war ja wirklich in der ersten Hälfte der zwanziger Jahre noch überall ein starkes Suchen vorhanden. Erst allmählich ließ dieses nach und erlosch bald ganz. Wie war das möglich? Man hatte – ich kann es nur so ausdrücken – die *Problemlosigkeit* als solche proklamiert. Natürlich nicht mit lauten Worten. Aber plötzlich war diese neue Epoche angebrochen. Doch damals stand man inmitten der angedeuteten Auseinandersetzungen. Sie erfüllten mich ganz. Erich Fisch gab diesem »Neuen« einen Raum. Wiemer inszenierte damals noch *Coriolan* von Shakespeare, hatte aber nicht die Kräfte zur Verfügung, die er sich gewünscht hätte. So entstand unter uns der Gedanke, Ausschau zu halten nach anderen Schauspielern, die wie wir auch etwas Neues suchten. In dieser Zeit fand eine Uraufführung statt, am 22. Februar: *Ara und Mawa* von Gregor Jarcho. Der Dichter nannte es ein Gegenspiel. Zwei Handlungen, die nur der Gegensatz verbindet. Ein neuer Typ des Dramas, so kündigte es der Verlag Gustav Kiepenheuer an. Ich hatte in der einen Handlung die Hauptrolle: Arlin. Die Gestalt verläßt am Ende ihre Brüder und verzichtet auf den Besitz von Ara. Das war der Inhalt von einer kurzen Schlußansprache. Eine Art von Verkündigung dessen, was den Dichter veranlaßt hatte, ein solches Stück zu schreiben. Die Regie hatte es so eingerichtet, daß diese Worte von einem Podest gesprochen werden mußten – über die Köpfe der Mitspielenden hinweg ins Publikum. Ich konnte mich inhaltlich mit den Gedanken verbinden, die ich zu sprechen hatte. Aber während ich sprach, ereignete sich etwas Entscheidendes für mich. Ich wurde mir, freilich nur für den Bruchteil eines Augenblicks, meiner Situation bewußt. Ich erlebte, wie ich da etwas zu sprechen hatte, aber zu gleicher Zeit befiel mich der Gedanke, ob ich denn auch wüßte, wie ich das Gesprochene gestalte. Und dazu kam, daß ich mir sagen mußte: Dort unten sitzen nun die Zuschauer, haben ihr Eintrittsgeld bezahlt und hören dir zu. Was aber machst du ihnen denn vor? Beherrschst du denn die Mittel, die du anwendest? Was weißt du beispielsweise vom Atem? Das alles spielte sich blitzartig, aber voll bewußt ab; ich spielte danach ruhig zu Ende. Niemanden erzählte ich von dem Erlebnis. Aber ich gelobte mir: So geht es nicht weiter. Du mußt energisch arbeiten. Was du da an sogenannter Sprachtechnik gelernt hast, ist eigentlich nichts. Du als Mensch kannst nicht beherrschen, was du darstellst. Es ist ein Wink gewesen. Zum zweiten Mal ein toter Punkt. Ich war fest entschlossen, auch ihn zu überwinden. Meine Rollen spielte ich weiter mit großer Freude, hatte viel zu tun und bekam am Ende der Spielzeit noch den Fedja in Tolstois »Der lebende Leichnam«. Es war auch in der Zeit, daß trotz der Hilfen, welche meine Mutter erhielt, sie auf die Dauer so nicht würde existieren können. Ich sagte Hausmann, daß ich meine Theaterlaufbahn aufgeben muß, um wieder für meine Mutter sorgen zu können. Er war merklich betroffen. Aber schon nach kurzer Zeit bekam ich von meiner Mutter einen Brief, in dem sie mir mitteilte, daß sie sich verlobt habe und bald zu heiraten gedenke.

Soweit damals die Werke von Rudolf Steiner in Buchform erschienen waren, besorgte ich sie mir nach und nach. Auch abonnierte ich die Wochenschrift »Anthroposophie«, um an dem Leben der Gesellschaft durch die dort veröffentlichten Berichte teilnehmen zu können. Im Frühjahr 1922 las ich eine Kritik über einen in Stuttgart stattgefundenen Rezitations-Abend. Der Vortragende, Max Gümbel-Seiling, war mir nicht bekannt. Es war ein vielseitiges Programm, das er dargeboten hatte: Lyrik, Epik, Dramatik. Die Kritik beeindruckte mich. Da stand, daß der Künstler nach den Grundregeln von Rezitation und Deklamation verfuhr. Als zukunftsweisend wurden die Darbietungen empfunden. Ich freute mich. Das gab es also! Man konnte seine Studien beginnen, mußte nicht sogleich Rudolf Steiner oder Marie Steiner um Rat fragen. Die Eurythmie-Rezitation in Berlin hatte mir unmittelbar eingeleuchtet, aber die tiefen Eindrücke durch die Eurythmie hatten das Rezitatorische zunächst nicht so stark hervortreten lassen. Die Schönheit der Vorstellung als solche wirkte nach. Ich schrieb nun an den Rezitator und brachte zum Ausdruck, daß ich gern in der gekennzeichneten Art würde arbeiten wollen. So erfuhr ich, daß Gümbel-Seiling die Leitung einer »Künstlerischen Volksbühne der Pfalz« besaß. Das war eine Wanderbühne, welche von Ludwigshafen beginnend bis nach Saarlouis die Rheinpfalz und das Saargebiet bespielte. Zwei Schauspielerensembles hatten sich in diese große Aufgabe zu teilen. Die Volksbühne unterstand den Bayerischen Staatstheatern in München. Seiling bot mir einen Vertrag als jugendlicher Charakterspieler an. Wir verabredeten ein Treffen nach Ende der Nordhausener Spielzeit in Berlin. Ich hatte Wiemer und Hausmann von meinen Plänen unterrichtet. Sie hatten sich noch nicht für ein neues Engagement entschieden, wollten aber auch nicht weiter in Nordhausen bleiben. Wiemer bewarb sich verschiedentlich um den Posten eines Oberspielleiters, bis er nach Gleiwitz abschloß. Erich Fisch übernahm dort die Direktion. Hausmann sollte ihn begleiten. Unsere gemeinsamen Pläne für eine Reformierung des Theaters hatten noch keine festeren Umrisse angenommen. Doch hatte Wiemer bei einer sich bietenden Gelegenheit Rudolf Steiner aufgesucht, um ihm von unseren Bemühungen zu erzählen. Er erkundigte sich nach den Namen der in Frage kommenden Schauspieler. Als Wiemer auch meinen Namen nannte, fragte er sofort: Ist dies der Sohn von dem Schauspieler Froböse? Wiemer bejahte. – Ich hatte noch in Nordhausen einen Aufruf entworfen, um mir darüber klar zu werden, wie man weiterkommen könnte. Ich hatte Fichtes ›Reden an die deutsche Nation‹ gelesen und stand unter dem Eindruck des Erlebten. Das spiegelt sich am Anfang wider.

Neues deutsches Theater

Das »neue deutsche Theater« setzt es sich als Aufgabe, das Wesen des Wortes – in der Auffassung J. G. Fichtes – wieder wahrhaft zur Gestaltung von der Bühne herab zu bringen. Es wird diesen Versuch mit einer Reihe von Darstellern in die Tat umsetzen, denen unter Hintansetzung der eigenen Person das Theater wahrer Beruf und wahres Leben nur insofern ist, als der Dichter – d. i. der Träger der Idee – in seinem ureigentlichen Wollen zur Sprache kommt.

Das »neue deutsche Theater« rechnet von vornherein mit einem Defizit und beabsichtigt, von einem oder einer Reihe von wirtschaftlichen Betrieben unterhalten zu werden, die in der Lage und willens sind, ihren Gewinn-Überschuß in geistiger Weise zu realisieren.

Das »neue deutsche Theater« will zunächst sämtliche Verträge auf nur siebeneinhalb Monate – vom 15. September bis 30. April des folgenden Jahres – ausstellen, um nach dem Ergebnis der ersten Spielzeit es der Welt zu überlassen, wieder eine Stätte der Verkündigung zu besitzen oder weiter den dumpfen Trieben der bisherigen Komödie zu frönen.

Das »neue deutsche Theater« veröffentlicht in der Anlage den Spielplan der ersten Monate. Desgleichen werden im Rahmen des »neuen deutschen Theaters« bedeutende Reden und Abhandlungen geisteswissenschaftlich orientierter Philosophie zum Vortrag gelangen, im Anschluß an diese auch Bibelvorlesungen. Diese angegliederten Feiern werden kostenlos an einem Abend der Woche im Theater abgehalten – evtl. – wiederholt werden. Gleichfalls beabsichtigt das »neue deutsche Theater« bei genügender Beteiligung einführende Vorträge zu den Vorstellungen im Rahmen einer Hochschule zu halten. Angegliedert ist der Bühnenkunst die Aufführung eurythmischer Kunst.

Das »neue deutsche Theater« legt auf folgende Feststellung zum Schluß noch Wert: es handelt sich hier keinesfalls um eine neue Richtung des deutschen Theaters in der Art, daß »neu« etwas noch nicht Dagewesenes bedeutet, sondern es will sich vielmehr befleißigen, im wahren Verständnis deutschen Wesens das Gewesene zur neuen Blüte zu bringen. Durchaus bewußt, einen schweren – wenn nicht den schwersten – Weg zu gehen, stellt es aber eine Forderung: Alles oder nichts, nicht nur sich selbst, sondern mit diesem Schreiben dem gesamten deutschen Volk vor das Antlitz!

Lebendig in der Hoffnung, allmählich emporzusteigen zu der Höhe, dessen Gipfel uns den Sonnaufgang der Welt wiederum erblicken läßt, haben die Unterzeichneten die Verantwortung einer Leitung auf sich genommen.

Nordhausen, im Herbst 1921

Die Begegnung mit Gümbel-Seiling in Berlin war eine durch und durch positive. Ich schloß den Vertrag für den Herbst ab. Dazwischen lag der Sommer in Berlin. Meine Mutter hatte im Mai geheiratet. Für meine Mutter bedeutete diese Verbindung weit mehr, als ich es mir zunächst hätte vorstellen können. Das Jahrzehnt nach dem Tod meines Vaters war doch von steten Sorgen durchzogen. Gewiß gelang es ihr, unseren kleinen Haushalt auf der Höhe zu halten, wie sie gewohnt war. Aber das erforderte einen nie erlahmenden Einsatz. Emil Mannheim war in allem das Gegenteil von meinem Vater. Eine kleine rundliche Gestalt; auffallend seine Glatze mit einem hell schimmernden Haarkranz, der ihm den Spitznamen »Schimmel« eintrug; ein eher phlegmatisches Temperament und ein durch die bürgerliche Welt, aus der er stammte, geprägtes Vorstellungsleben. Begreiflich, daß wir nicht sogleich harmonierten, zumal sich eine Krise in meiner Entwicklung immer mehr zeigte. Ich war auf eine mehr gefühlsmäßige Art zur Anthroposophie gekommen. Mein Vertrauen zu Rudolf Steiner war ein absolutes. Aber ich mußte mir erst allmählich die Grundlagen der Geisteswissenschaft erarbeiten, wurde indessen doch immer wieder gefragt, was Anthroposophie denn sei; auch zu Hause konnten solche Auseinandersetzungen nicht ausbleiben. Ich war aber in gar keiner Weise in der Lage, sachgemäß auf all das einzugehen, was in manchen Fällen keineswegs negativ mir entgegentrat. Eine selbstverständliche Toleranz war mir nicht gegeben. Mein Wesen neigte oftmals zu extremen Haltungen, und so war es für meine Umgebung nicht leicht, meine Handlungen zu verstehen. Eine große Hilfe bedeutete in diesen Monaten für mich die Begegnung mit Martin Münch. Er war der Zweigleiter in Berlin geworden und hatte in Zehlendorf ein geradezu ideal zu nennendes Heim. Es war besonders schön, daß wir vor und nach dem Abendessen durch die Felder spazierengingen; Carl Büttner, ein Rechtsanwalt, begleitete uns oftmals. Da konnte ich dann von all den Plänen erzählen, und im Aussprechen sah ich allmählich klarer. Unvorsichtigerweise hatte ich aber einige Zeit nach der Begegnung mit Seiling meinen Vertrag wieder gelöst. Ich erhielt kein anderes Angebot durch meinen Agenten; es war die Zeit auch schon zu weit vorgeschritten. Gleich nach meiner Rückkehr aus Nordhausen hatte ich den Zweig in Berlin aufgesucht und eben dort Martin Münch kennengelernt. Freilich befiel mich ob meiner Unentwickeltheit Angst, so inmitten all der *alten* Mitglieder erscheinen zu müssen. Was mich plagte, war meine noch so unfertige Aura. Allmählich konnte ich diese Scheu überwinden. Eine Überraschung erlebte ich bei meinem ersten Besuch im Zweig. Ob ein Vortrag von Rudolf Steiner vorgelesen wurde oder ob Herr Münch frei referierte, daran kann ich mich nicht mehr erinnern. Aber es kam die Rede auf den Burgschauspieler Joseph Lewinsky in Wien. Rudolf Steiner erzählte, wie Lewinsky sein Schauspielertum aufgefaßt habe. Ich lauschte wie gebannt. Da war einmal der Alltagsmensch Lewinsky, und dann war die Idealgestalt der Rolle, die dem Schauspieler vorschwebte, die er selbst hervorgerufen hatte. Dann kam aber das eigentlich Dritte: es spielte die Idealgestalt auf dem kleinen untersetzten Lewinsky, und was dadurch entstand, das sahen, erlebten die Zuschauer.

Wiemer und Hausmann traf ich wieder in Berlin, aber sie

konnten mir nicht helfen. Und so schrieb ich in meiner Verzweiflung noch einmal an Gümbel-Seiling und fragte ihn, ob er wohl noch eine Vakanz hätte. Er antwortete zustimmend, konnte mir aber nur noch einen Vertrag als Spielwart und für Chargen anbieten. Ich war glücklich und schlug das Angebot nicht aus. Meiner Mutter wurde es schwer, mich zu verstehen. Begreiflicherweise. Und so packte ich meine Sachen zusammen und reiste in die Pfalz voller Hoffnung, das zu finden, was mir in jener Kritik so vielversprechend entgegengetreten war.

Noch von einer anderen Seite her konnte ich in diesem Sommer etwas lernen. Eine Kollegin meines Vaters war von Dresden nach Berlin übergesiedelt und gab nun Schauspielunterricht. Sie hatte von mir gehört und machte mir den Vorschlag, meine sprachliche Ausbildung bei ihr fortzuführen; ich nahm diesen dankbar an. Und so erhielt ich einen ganz anderen Unterricht als im Sommer 1920 durch Professor Daniel. Gertrud Tressnitz führte mich in eine von ihr ausgebildete Sprechtechnik und anschließend daran in eine Atemtechnik ein. Sie war als ausgezeichnete Sprecherin am Hoftheater bekannt und aus einem bestimmten Grunde sogar »gefürchtet«. »Die Tressnitz liest die Stücke«, hieß es von ihr. Denn sie begnügte sich nicht mit den ausgeschriebenen Rollen, wie das gang und gäbe war, sondern studierte eben für sich das ganze Stück. Wohl um vor allem Sprachfehler, Lispeln und ähnliches zu beseitigen, hatte sie sich etwas Besonderes ausgedacht. Man mußte ein Stäbchen – das »Tressnitz-Stäbchen« – in die Mitte zwischen die obere und untere Zahnreihe stellen und so die Übungen vollziehen. Es waren Konsonanten-Reihen, jeweils in Verbindung mit den Vokalen: a-e-i-o und dem Umlaut ü, dazu zusammenhängende Worte. Die Atem-Übungen richteten sich nach dem Metronom: Ein- und Ausatmen im Takt auf Nummer 72 oder 84 und so fort. Ich konnte mir auf diese Weise eine gewisse Technik aneignen, sträubte mich auch nicht gegenüber dem rein Mechanischen, weil die von einer hohen Kunstauffassung getragene Persönlichkeit mich mehr beeindruckte als die von ihr empfohlenen Sprachanweisungen.

Diese Begegnung hat mir später, als ich selbst Unterricht zu geben hatte, oftmals in der Beurteilung von Schwierigkeiten der Schüler geholfen. Und ich möchte keineswegs diese Zeit missen, denn es war etwas Symptomatisches, das mir hier entgegentrat. Die ganze Tragweite zeigte sich erst, als ich in Dornach durch Rudolf Steiner erlebte, wie ganz aus der Sprache heraus der Weg zur Gestaltung gefunden werden muß und kann.

Kaiserslautern besaß ein Stadt-Theater mit einem eigenen Ensemble. Die »Künstlerische Volksbühne der Pfalz« war nur in Kaiserlautern stationiert, probte dort in einem von der Stadtverwaltung zur Verfügung gestellten Saal im Stadthaus und gastierte von hier aus in kleineren und größeren Städten bis hinein ins Saargebiet. Aber weder in Saarbrükken noch in Kaiserlautern traten wir im eigentlichen Stadt-Theater auf. Die beiden Spielgruppen hatten einen verschiedenartigen Spielplan und probten auch zu verschiedenen Zeiten, währenddem die eine Gruppe dann unterwegs war. Das erste Stück, das von dem Ensemble einstudiert wurde, dem ich angehörte, war Schillers *Maria Stuart*. Gümbel-Seiling führte die Regie. Gümbel-Seiling spielte den Leicester, seine Frau, Elya Maria Nevar die Elisabeth, Margot Langheinz die Maria, Hausmann den Burleigh. Ich freute mich, die Rolle des Davison bekommen zu haben; so hatte ich doch sogleich neben meiner Tätigkeit als Inspizient noch eine interessante künstlerische Aufgabe. Seiling entwickelte ein großes Talent in der Inszenierung durch seine offensichtliche Begabung, rasch das Wesen der Rollen zu erfassen und sie in knapper Charakterisierung überzeugend hinzustellen. Die Aufführung kam gut heraus. In den Gesprächen, die ich mit Gümbel-Seiling führte, spürte ich bald heraus, daß er sich in der Entfaltung seiner künstlerischen Fähigkeiten beschränkt fühlte. Die Oberspielleitung des anderen Ensembles hatte Sigurd Robert Skal, der zugleich die wirtschaftliche Leitung innehatte. Es gab offensichtlich kein besonderes Einvernehmen zwischen den beiden. Mir lag daran, daß Seiling keineswegs beeinträchtigt werden sollte in der Entfaltung seiner künstlerischen Fähigkeiten, und ich besprach mich mit meinem Freunde Hausmann. Aber er hatte kein besonderes Interesse mehr, hier Verbesserungen zu erzielen. Er stand in Verbindung mit Wiemer, der Oberregisseur in Gleiwitz war und versuchen wollte, Hausmann noch zu verpflichten. So verließ Hausmann Kaiserslautern. Sein Fortgang war eine Überraschung besonders für Gümbel-Seiling. Ein Ersatz wurde nicht engagiert, und so entstand unerwartet für mich auch die Möglichkeit, mein eigentliches Rollenfach spielen zu können. Ich hatte Gümbel-Seiling von unserem Besuch im Stadthaus erzählt und wartete nun ab. Auf anthroposophischem Gebiete ergab sich kein Kontakt mit ihm. Die Arbeit war eine recht anstrengende, aber interessant. Abend für Abend hatte man andere Bühnenverhältnisse, ein anderes Publikum. Das erforderte eine starke Beweglichkeit. Gewiß wechselten die Zuschauer auch im Stadt-Theater, aber hier war gewissermaßen allabendlich Premiere. Durch die Vielzahl der Spielorte konnte man eine Rolle weit mehr ausschöpfen als sonst üblich, und so gab es mancherlei positive Umstände, welche besonders die vielen Reisen mit ihren Strapazen wettmachten. Es war indessen doch immer stärker ein Routine-Betrieb entstanden. Ich war enttäuscht und sprach mich mit Gümbel-Seiling aus, nahm eine radikale Haltung ein, weil ich fand, es hätte weit künstlerischer gearbeitet werden können. Auch vermißte ich jede Arbeitsmöglichkeit in der Richtung, wie ich sie durch seine Rezitationskunst erwartete. Ich ließ ihn wissen, daß ich Schritte tun würde, um auf diese Verhältnisse hinzuweisen. Und da die Volksbühne den bayerischen Staatstheatern unterstellt war, schrieb ich nach München. So kam es zu einem Besuch von dem Ministerialrat Dachsenberger, der die von mir geschilderten Umstände untersuchen sollte. Es fand dann eine Versammlung von einigen Vertretern der Schauspieler mit der Leitung statt, und ich wurde aufgefordert, meine Forderungen vorzubringen. Das tat ich auch und sprach dabei in erster Linie von den idealen Vorstellungen, die ich in mir trug, wie eine Bühnenkunst beschaffen sein müßte. Ich fand auch, daß München ins Bild gesetzt werden müßte, denn von dort erhielt die Volksbühne finanzielle Unterstützung. Als ich geendet hatte, sagte der Ministerialrat nur: »Nun, daß man auch ohne Kulissen Theater spielen kann, das hat uns soeben Herr Froböse bewiesen!« Mein persönliches Verhältnis zu Seiling wurde zwar dadurch beeinträchtigt, aber er spürte doch, daß es mir um die Sache zu tun war. Verstehen wird man meine Haltung nur, wenn man bedenkt, daß ich das Theater als solches im Auge hatte, dessen Verhältnisse ich zu verbessern bestrebt war. Dagegen merkte ich von seiten des Herrn Skal keine Ablehnung. Im Ensemble hatte es sich im übrigen ergeben, daß ich zum Obmann des Ortsausschusses der Genossenschaft Deutscher Bühnenangehörigen gewählt wurde und mich infolgedessen auch um die wirtschaftliche Lage der Mitglieder zu kümmern hatte. Und so entdeckte ich, daß wir – wir wurden gemäß dem Beamten-Tarif bezahlt – einer zu niedrigen Stufe zugeordnet waren. Ich setzte mich nun nachts hin und rechnete die Erhöhungen für jeden aus und präsentierte das Ganze dem Rendanten, dem nichts anderes übrigblieb, als uns samt und sonders die Differenzen nachzuzahlen. Es hatte mich dieses Amt überhaupt mehr mit den Gegebenheiten des Tarifvertrages, welcher für jeden Bühnenangehörigen bestand, bekannt gemacht, und als im März 1923 in Leipzig die Vertreter-Versammlung der Genossenschaft stattfand und auch der Ortsverband Pfalz eine Einladung erhielt, wurde ich zum Delegierten bestimmt. In den vier Tagen wurden vor allem Probleme der Führung der Genossenschaft erörtert und zahlreiche administrative Fragen. Ich entschloß mich, einen Dringlichkeitsantrag einzubringen, der auch angenommen wurde. In den Zeitungen hieß es: »Ein Antrag auf Überwachung der gemeinnützigen Theater in bezug auf ihre künstlerischen und kulturellen Leistungen.« Es war mir klar, wie wenig damit im Konkreten erreicht war, aber für unser Ensemble in der Rheinpfalz bedeutete es doch etwas. Wir waren zumal recht abgeschnitten von allen Verbindungen, und es war kein leichtes Unternehmen, noch unmittelbar vor der damaligen Besetzung dieses Gebietes durch Marokkaner mit dem letzten Zug Ludwigshafen zu erreichen, von wo wir dann alle mitsamt unseren zahlreichen Koffern über die Rheinbrücke glücklich nach Mannheim kamen.

Mitten hinein fiel ein Ereignis, das von Grund aus die Lage der Anthroposophischen Gesellschaft veränderte: der Brand des Goetheanum-Baues in der Silvesternacht 1922/23. Gümbel-Seiling war nach Dornach zu der Weihnachtstagung gefahren. Es war bekannt geworden, daß im Sommer 1923 von Rudolf Steiner vorgesehen war, die Mysteriendramen im Bau aufzuführen. Wie ich später im Archiv der Rudolf Steiner-Nachlaßverwaltung sah, lagen die Einladungen, von ihm selber in deutscher und englischer Sprache verfaßt, vor. Eintrittspreis für die vier Aufführungen: Fr. 200. Wer als Schauspieler an diesen Vorstellungen mitwirken wollte, durfte sich melden. So fuhr Gümbel-Seiling fort. Seine Frau, Elya Maria Nevar, hatte sich ebenfalls gemeldet, und ich bat ihn, auch meinen Namen zu nennen. Ich hatte mir die Dramen schon gekauft, fand aber nicht den Weg, sie zu lesen. Doch ich sah sie mir auf eine Rolle hin an. Und als ich im dritten Drama die Szene mit den sechs Bürgerinnen und den sechs Bürgern entdeckte, atmete ich erleichtert auf und entschloß mich zur Anmeldung. Einen Bürger – ja, das würde wohl gehen, dachte ich, zumal ich von Rudolf Steiners Güte und Geduld bei der Einstudierung überzeugt war. Aber jetzt? Ich kann es nicht begründen, doch als ich die schreckliche Nachricht erfuhr, durchzuckte es mich unwillkürlich: auch du bist schuld an diesem Unglück! Andere Freunde, hörte ich später, hatten auch ähnliches empfunden. Als ich Kaiserslautern verließ, überraschte mich S. R. Skal mit der Aufforderung, in der kommenden Saison wieder abzuschließen. Er würde die Intendanz übernehmen, und ich hätte nur mit ihm zu tun. Im übrigen könnte ich als Schauspieler und als Regisseur meine Wünsche äußern; er würde darauf eingehen. Es war eine starke Versuchung. Ich dankte ihm und schlug das Angebot aus. Er überreichte mir ein Buch, ein Drama von Carl Sternheim mit einer Widmung: »Zur Erinnerung an eine bewegte Spielzeit.« Das war sie in der Tat gewesen. Sie hatte mich weiter gebracht in meiner Laufbahn. Allmählich war mir auch die Verantwortung für den Ablauf der Gastspiele übertragen worden. Zuvor hatte ich immer nur für die Requisiten zu sorgen gehabt, was zuweilen gar nicht so einfach war, besonders wenn es um stilgerechte Möbel ging. Aber dann übergab man mir die Abendregie. Und so konnte ich auch hier weiterlernen. An größeren Rollen hatte ich den *Verwandelten Komödianten* von Stefan Zweig zu spielen. Meine Partner waren da Frau Nevar und Gümbel-Seiling. Auch den Shylock habe ich damals auf einer Tournee dargestellt und zuletzt eine dankbare Charakterrolle in dem Schauspiel *Das Nürnbergische Ei* von Walter Harlan: den Güldenbeck, einen alten Geizkragen. Gümbel-Seiling verließ auch Kaiserslautern und schloß mit Saarbrücken ab. Zunächst trennten sich unsere Wege. Wiemer und Hausmann traf ich in Berlin wieder. Sie lernten Frau Langheinz kennen, die jetzt auch entschlossen war, neue Wege zu suchen. Aber all unsere Versuche standen noch im Anfang. Wiemer bemühte sich vor allem, innerhalb der Anthroposophischen Gesellschaft Schauspieler zu finden. Fast drei Jahre lagen nun hinter mir, um die damaligen Theaterverhältnisse kennenlernen zu können. Ich hatte mich ja entschlossen, zur Bühne zu gehen, um ein neues deutsches Theater zu begründen, begründen zu helfen. Und so versuchte ich, Menschen zu finden, unter diesem Aspekt sah ich an, was sich ereignete. Zu lebhaft standen noch in meiner Erinnerung die Pläne, die mein Vater gehabt hatte, als er die Berufung nach Weimar erhielt. Der Gedanke hatte sich in mir festgesetzt, zu versuchen, sein Werk fortzusetzen. Ein Gespräch wie das mit Heinle in Guben bestärkte meine Hoffnung, Menschen zu finden, um sie für diese Idee zu begeistern. Edith Beyer ließ mich gewähren, denn sie spürte meinen Willen, der nur dieses Ziel sich gesetzt hatte. Und wenn ich auch in den vielen Gesprächen mit Kollegen nicht absolute Zustimmung fand, so erlebte ich doch, wie fast ausnahmslos ideale Vorstellungen zum Ergreifen gerade dieses Berufes geführt hatten; aber auch wieder eine starke Resignation ob der tatsächlichen Verhältnisse, wie sie sich am Theater herausgebildet hatten und offenbar nicht zu ändern waren. Natürlich wollte man, mußte man spielen! Eigentlich um jeden Preis, schien es mir. Um jeden Preis, so fragte ich mich. Ich konnte die Probleme nur empfinden. Ich durchschaute die Lebenszusammenhänge nicht. Doch ich fühlte: Anthroposophie muß auch hier Licht bringen. Ein *geistiges* Theater, so sagte ich mir, muß es sein. Und so war in einer gewissen Weise nach der Spielzeit in der Pfalz ein Schlußpunkt erreicht. In Berlin hatte ich mich in die veränderten häuslichen Verhältnisse zu finden. Frau Langheinz war auch nach Berlin zurückgekehrt und wohnte bei ihrer Mutter in Karlshorst. Der Vater war schon vor Jahren gestorben. Ihre Schwester war mit Heinz Hilpert verheiratet, der damals erst am Beginn seiner Bühnenlaufbahn stand und als Regisseur und Schauspieler an der Volksbühne tätig war unter der Direktion von Friedrich Kayßler. Ich lernte Hilpert kennen, der sich für mich interessierte. Nun hatte es sich gefügt, daß ein früherer Kollege von Frau Langheinz, Albert Berthold, in Steglitz das Schloß-Theater übernommen hatte und auch das Harlansche Schauspiel aufführte. So konnte Frau Langheinz ihre Rolle, die Caritas, eine Aufgabe, die ihr gut lag, in einigen Vorstellungen übernehmen. Unerwartet erkrankte Hugo Döblin, der Darsteller des Güldenbeck, und ich konnte in zwei Aufführungen einspringen. Hilpert erfuhr davon, sah mich und teilte meinem Agenten mit, er wolle mich für Berlin haben, aber ich müsse noch ein Jahr an ein gutes Provinztheater, um mich auszuspielen. Kurze Zeit darauf bekam ich einen Telefonanruf, um mich dem Direktor des Züricher Schauspielhauses vorzustellen. Franz Wenzler hatte das sogenannte Pfauentheater, das noch bis vor kurzem mit dem Stadt-Theater verbunden war, gepachtet und suchte auch einen jugendlichen Charakterspieler zu verpflichten. Er war mit seinem Mitarbeiter, dem Regisseur und Schauspieler Franz Everth, in Berlin. Everth war – das wußte ich nicht – ein Kollege meines Vaters in Dresden gewesen. Durch ihn erhielt die Verhandlung von Anfang an eine warm-menschliche Note. Schon nach kurzem unterschrieb ich den Vertrag. Ich empfand es wie einen Schicksalswink, nun in die Schweiz kommen zu können, um dadurch den Kontakt in Dornach, mit Rudolf Steiner, zu suchen. Im Sommer wurden Frau Langheinz und ich noch an das Kur-Theater Bad Helgoland verpflichtet; ich blieb dort nur einen Monat. Ich war auf der einen Seite froh, unabhängig von zu Hause den Sommer verbringen zu können, aber auf der anderen Seite durch die ungelösten Probleme innerlich zerrissen. Auch die finanzielle Lage des Unternehmens, das uns vorschwebte, machte mir Sorgen. In Helgoland war der Spielplan naturgemäß ganz auf ein Kur-Theater abgestimmt. Die Umstände fügten es, daß ich das bekannte Lustspiel »Der Raub der Sabinerinnen« einstudieren mußte. Die Hauptrolle, den Theaterdirektor Striese, spielte der Charakterkomiker, der aber weder komisch war, noch den sächsischen Dialekt beherrschte. Und so lachte das Publikum über alle anderen Darsteller, nur nicht über die Hauptrolle. Es war peinlich, tragikomisch. Im Ensemble fanden sich nette Kollegen. Wir spielten ein reizendes Stück: *Improvisationen im Juni*. Aber ich war irgendwie verzweifelt. Dazu kam das Leben auf der Insel. Ich sah natürlich ein, daß ich hier keine künstlerischen Anforderungen stellen konnte, aber ich vermochte nicht, Herr meiner Zustände zu werden. So ging ich zu dem Direktor und erklärte ihm, ich würde mit dem nächsten Dampfer wieder abreisen. Ich wäre bereit, die Konsequenzen zu tragen. Er verstand mich nicht, aber er ließ mich ziehen. So packte ich meine vielen Sachen zusammen. Ich besaß von meinen Eltern einen voluminösen Rohrplattenkoffer, der ziemlich umständlich in das Schiff verladen werden mußte und fuhr ab. Eine groteske Situation. Sie entsprach meiner inneren Lage. Aber nachdem ich wieder in Berlin war, wurde ich von Freunden gefragt, ob ich nicht während der Ferienzeit ihre Hochparterre-Wohnung würde hüten wollen. Ich sagte sofort zu. Dankbar begrüßte ich diese Einladung, um zur Ruhe kommen zu können. – Meine Freunde waren natürlich erfreut über meinen Züricher Vertrag, und so konzentrierte sich alles auf die Frage: wird es möglich werden, Dr. Steiner über unser Vorhaben, wie es nun steht, zu orientieren, und was wird er antworten?

In der geräumigen Wohnung hatte ich Zeit und Ruhe, mit mir selbst ins reine zu kommen. Zwar konnte ich mir noch kaum ein Bild von der Anthroposophischen Gesellschaft machen, aber es traten auch da Fragen auf. Die für mich wichtigste: Wie kann Anthroposophie im Leben verwirklicht werden? Mein Studium war in den allerersten Anfängen. Ich konnte aber noch nicht ins Bewußtsein bringen, wo der Schwerpunkt des gegenwärtigen Erlebens lag. Die Gedanken kehrten immer wieder zum Theater zurück. Dort schien mir nach wie vor die Möglichkeit zu liegen, um zu verwirklichen, was mir vorschwebte. Daß nur in der Sprache, in der Gestaltung der Sprache der Ausgangspunkt zu suchen ist – das lebte noch nicht in mir. Wohl aber empfand ich die Not des Darstellens überhaupt. Warum muß ich gerade von dieser Seite auftreten, warum muß ich auf der Bühne gerade diesen Gang machen, warum ist bei dieser Antwort gerade diese Gebärde notwendig? Ich empfand eine völlige Unfreiheit. Und plötzlich kam mir der Einfall: schreibe es, so wie du es erlebst, an Dr. Steiner. Am 17. Juli 1923 schickte ich den Brief ab. Ich atmete wie befreit auf.

Brief an Rudolf Steiner

Berlin NW 21, – 17. VII. 23
Dortmunder Str. 7

Sehr verehrter Herr Doktor!
Es sind viele Menschen gewesen, die im Laufe der Zeit zu Ihnen gekommen sind, um über die Erneuerung der Bühnenkunst von Ihnen zu hören, was zu sagen wäre. Wenn ich heute diese Zeilen an Sie richte, so muß ich Ihnen gestehen, daß ich seit langer Zeit darauf gewartet habe, daß von Menschen, die Ihnen nahe stehen oder in naher Beziehung gestanden habe, eine Initiative zur Realisierung der Idee eines »neuen deutschen Theaters« gemacht würde.

Die Zeit rast mit unaufhörlicher Macht einem Abgrund zu und das schmerzliche Erlebnis für einen jungen Menschen ist die Tatsache, nicht ganz alles zu tun, wozu das Innere einen treibt. – Es ist meine Überzeugung, daß ein Theater im geistig-religiösen Sinne – also eine Darstellung, aus dem Impulse fließen, die die Menschen erschütternd erleben können, – daß ein solches Theater heilend und helfend sich in den Dienst der Menschheit stellen kann und muß und wird! Der Weg zur Ferne ist ein langer; uns liegt ob, zunächst unsere Pflicht zu tun.

Aber der Grund meines Schweigens ist der, daß ich noch nichts weiß von dem »Wie« der Gestaltung einer solchen neuen Bühnenkunst. – Ich fühle nur innerlich die unbedingt treibende Stimme zum Beginn der Arbeit, aber ich kann die Verantwortung erst dann tragen, wenn ich im Bewußtsein erleben kann: dieses neue Sein.

So denke ich mir, daß man eben von Grund auf klar sich werden muß: »Was bedeutet diese Stellung« – »Warum dieser Gang von rechts nach links« – »Warum jener Auftritt von links hinten« u. s. w. Und wenn ich gestalten will, z. B. Ibsens Epilog, dann ist es eben notwendig, dem Darsteller des Rubek am Anfang des Dramas genau sagen zu können, *wie* er dasitzen muß – und gleichzeitig innerlich zu fühlen, *warum* er nur so dasitzen muß und die Richtigkeit dieser (sagen wir) Regiebemerkung zu erkennen.

Ab 22. VIII. 23 – 30. IV. 24 bin ich als Schauspieler am Schauspielhaus in Zürich engagiert. Ich schrieb dies heute aus meiner Seele, um zu sagen: ich bin da. Ich habe immer versucht, zu helfen am gemeinsamen Werk innerhalb des Theaters – zuletzt unter der Leitung eines Mitgliedes unserer Gesellschaft. Wenn die Zeit da ist (und vielleicht ist's heute noch zu früh), so stehe ich zur Verfügung. Ich verkenne die Schwierigkeiten der äußeren Bedingungen nicht, aber wenn die Idee lebensfähig ist, so wird sie uns tragen. Uns: d. h. die Menschen, die in Betracht kommen innerhalb der deutschen Schauspielerschaft oder auch andere Menschen, die abgesehen vom Wollen auch das Können besitzen.

Ich habe versucht kurz zu sagen, was in mir lebt. Wenn ich warten muß bis ein Anderer kommt, der reifer ist, so will ich es gern tun. Aber zunächst mußte ich einmal diese Worte Ihnen, sehr verehrter Herr Doktor, sagen.

Wenn ich Ihnen aufrichtig Dank sage dafür, daß ich diese Zeilen an Sie schicken durfte, so ist das augenblicklich das Einzige, was ich tun kann.

Ich begrüße Sie ergebenst Edwin Froböse

Von Haaß-Berkow und seiner Truppe hatte ich nur gehört; von den neukünstlerischen Bühnenspielen unter der Leitung von Georg Kugelmann wußte ich nichts. Es war mir auch nicht bekannt, daß Rudolf Steiner bereits im Frühjahr 1921 anläßlich des zweiten Hochschulkurses in Dornach Haaß-Berkow und seinen Spielern eine Reihe von Fragen bezüglich der Schauspielkunst beantwortet hatte. Unbekannt war mir auch, daß in Dornach im Sommer 1922 und bald darauf im Herbst in Stuttgart ein Sprachkurs mit Marie Steiner stattgefunden hatte, bei dem Rudolf Steiner Sprech-

Übungen mit Erläuterungen gegeben hatte und auch einige Angaben für Regie. Was ich so stark als Not empfand: die unzulänglichen Regieanweisungen – dazu hatte sich Rudolf Steiner bereits ein Jahr vorher geäußert! Viele Jahre später erfuhr ich, daß er von meinem Briefe in seiner näheren Umgebung gesprochen und hinzugefügt habe, das sei ernst zu nehmen. Es bestand eben keinerlei Beziehung zwischen den verschiedenen Personen, welche letztlich das gleiche Ziel vereinigte. Ich muß das heute zurückblickend als ein Symptom innerhalb des Gesellschaftslebens betrachten. Der Kurs im Sommer 1922 war durch Fragen entstanden, die von Vertretern der Jugendbewegung gestellt wurden. Diese wollten die *Mysterien-Dramen* aufführen und baten Dr. Steiner um Unterstützung. So kam dieser Kurs zustande, der dann im Anschluß an den sogenannten Jugendkurs in Stuttgart wiederholt wurde. Immer wieder muß man sich auch sagen, daß durch die Münchner Festspiel-Aufführungen 1907–1913, in deren Mittelpunkt Marie von Sivers als Demeter, als Kleonis in Schurés Drama *Die Kinder des Lucifer*, vor allem aber als Maria in den *Vier Mysteriendramen* von Rudolf Steiner stand, kein Impuls entstand, ihre Kunst als Ausgangspunkt für eine Erneuerung der Bühnenkunst zu nehmen. Dabei wirkten die Schauspieler Otto Doser als Capesius, Max Gümbel-Seiling als Strader und Richard Jürgas mit. Es ist das ein merkwürdiger Umstand. Doch Marie von Sivers faßte zu Beginn des Ersten Weltkrieges den Entschluß, sich der neuen Bewegungskunst, der Eurythmie, zu widmen. Durch ihren unermüdlichen Einsatz gelang es binnen weniger Jahre, die Eurythmie in die Öffentlichkeit hineinzustellen und die Fruchtbarkeit der Anthroposophie damit für die Kultur der Gegenwart auf diesem Gebiete zu erweisen. Mit der von ihr geschaffenen Rezitationskunst als Begleitung zur Laut-Eurythmie eröffneten sich für die sprechenden Künste Tore, durch die sicher in die Zukunft geschritten werden konnte. Aber zu dem Zeitpunkt, zu dem ich nach Dornach schrieb, rezitierte Marie Steiner nur bei den öffentlichen Vorstellungen. Zu den Vorträgen oder vor den Veranstaltungen fanden rezitatorische Darbietungen durch Marie von Sivers statt. Sie hatte eine Theaterlaufbahn, welche ihr durch ihre Freundin, eine der hervorragendsten Schauspielerinnen des deutschen Theaters in Petersburg, Marie Strauch-Spettini, offen stand, ausgeschlagen. Durch die Bitte eines jungen Mädchens, das eine neue Bewegungskunst suchte, entstand 1911 die Eurythmie, an deren Aufbau Marie von Sivers von Anfang an teilnahm. Das aber hatte sich organisch in aller Stille aus den Quellen der Anthroposophie entwickelt.

Zürich! Es ist wahrscheinlich für einen Leser von heute kaum noch möglich, sich zu vergegenwärtigen, was in einem Menschen vorging, der wie ich von einem Tag auf den anderen in die Schweiz kam. Es war an einem der ersten Sonntage im Frühherbst 1923: da saß ich nun auf einer Bank am Bellevue-Quai am Züricher See und konnte kaum die Eindrücke aufnehmen, die sich dem Blick darboten. Weitherum die Landschaften der ansteigenden Wiesen und Hänge, die Morgenstille in strahlendem Sonnenschein, aber vor allem – die Menschen. Wie in meiner Kindheit. Da war nichts von den Folgen eines Weltkrieges zu merken, und was eine verlorene Welt, ein nie wieder Erlebbares schien, hier war es noch geblieben. So etwas gab es also noch in Wirklichkeit! Man kam aus dem Staunen nicht heraus, fast war es wie in einem Traum. Die Menschen alle gut gekleidet: junge und alte – und die Kinderwagen und die Kinder: alles so wie früher. Und dieses Erleben blieb bestehen, wurde durch vieles genährt, was damals in der Schweiz noch lebendig war. Ein gewisser Intellektualismus hatte vielerorts noch nicht das Volksmäßige, Urtümliche ergriffen. Dem fühlte man sich innerlich verwandt, spürte die eigentlichen Verbindungsfäden zu einem Kernhaften, das nicht im Nationalen verwurzelt war, sondern im Allgemein-Menschlichen, wie es im deutschen Geistesleben noch bis zum Ausbruch des Ersten Weltkrieges lebendig war, wenngleich nicht mehr dominierend.

Die Spielzeit wurde mit *Macbeth* eröffnet. Es gab einige Überraschungen für mich. Der Oberregisseur, Robin Robert, kannte noch meinen Vater persönlich, aber er war »dem Sohn unseres Kollegen Froböse«, wie er mich vorzustellen pflegte, nicht sehr gewogen. Die Mehrzahl der Darsteller von den Hauptrollen waren »studiert«, hatten also schon andernorts verschiedenartige Inszenierungen erlebt und kamen mit einem fertigen Konzept auf die Probe. Robert arrangierte mehr, als daß er inszenierte. Und man mußte sich auch mit ihm arrangieren. Das war nicht immer leicht, besonders wenn man, wie es einer der Hauptdarstellerinnen, Rahel Sanzara, passiert war, die Beherrschung verloren hatte und den Spielleiter in Prag geohrfeigt hatte. Bei ihrem Abschluß nach Zürich war Robert noch nicht engagiert, und so war dies für sie nicht gerade eine günstige Ausgangsbasis für die künstlerische Zusammenarbeit als Lady Macbeth. Ich konnte mir gut vorstellen, daß mein Vater bei Roberts Regieführung nicht nur einmal sich temperamentvoll durchgesetzt hatte. – Aber ich kam in einen ganz anderen Zwiespalt. Mein Entschluß, nicht mehr lange an der Bühne zu bleiben, reifte immer mehr. Das an und für sich gute Engagement änderte daran nichts. Das Spielen wurde mir zur Qual. Das Zwiespältige bestand darin, daß ich nicht über die Mittel verfügte, um künstlerisch auszudrücken, was mich befriedigt hätte. Ich spielte trotzdem meine Rollen mit Hingabe, habe wohl auch den Zuschauern etwas geben können, aber ich konnte nicht ja zu dem sagen, was ich ausübte. Ich erinnere mich an die Aufführung von Strindbergs *Ein Traumspiel*. Die Sanzara gab *Indras Tochter* und konnte viel von ihrem Wesen in die Wiedergabe hineinlegen. Über ihr Leben sprach sie kaum. Sie hatte schon einen Roman »Das verlorene Kind« geschrieben; er war bei Ullstein erschienen. Franz Everth und Cornelia Gebühr, die beide in Dresden gewesen waren, ließen mich ihre freundschaftlichen Empfindungen spüren. Doch von größerer Bedeutung waren die Gastspiele einer Reihe von Künstlern gerade in dieser Saison: Alexander Moissi, Albert und Else Bassermann, Johanna Terwin, Käthe Dorsch, Friedrich Kayßler und Helene Fehdmer. Ich konnte noch einmal in unmittelbarer Nähe erleben,wohin die Schauspielkunst damals geführt hatte. Das tiefste, nachdrücklichste Erlebnis war das Gastspiel von Kayßler und seiner Frau um Weihnachten 1923. Kayßler abgeschlossen für sich, völlig eins mit der Rolle. Er hatte in zwei Dramen meine Mitwirkung erreicht. In *Und das Licht scheinet in der Finsternis* von Tolstoi bekam ich die Rolle des jungen Priesters und in *Professor Storizyn* von Leonid Andrejew den Modest, den Bruder der Titelrolle. Diese Abende waren getragen von einer menschlichen Wärme. Keinerlei Routine. Kayßler und Frau Fehdmer hatten einen einfachen Stil herausgearbeitet. Ganz aus dem Seelenhaften der Gestalt. Der volle Gegensatz bei Bassermann und seiner Frau in *Nora* von Ibsen. Ich spielte den Krogstad und brachte brav meine Stichworte. Moissi war als Kollege äußerst liebenswürdig, bedauerte, daß wir seinetwillen soviel zu lernen hatten. Mein Freund hatte mit der Dorsch in *Die Flamme* von Müller zu spielen. Eine aufregende Zeit.

Ich kann dem Leben nicht genug dankbar sein für diese Begegnungen. So konnte ich mir über meinen weiteren Weg klar werden. Beim Abschied von Kayßlers erzählte ich ihnen von meinem Entschluß, nach Dornach zu gehen. Frau Fehdmer sah mich an mit traurigen Augen: »Ach, ihr jungen Menschen«, sagte sie nur. Später habe ich mit Kayßler einen kurzen schönen Briefwechsel gehabt; auch sein Buch ›Helene Fehdmer zum Gedächtnis, Gestalten ihrer Kunst‹, das er mir noch 1942 schickte, besprochen. Der letzte Brief, den Kayßler unmittelbar vor seinem Tode 1945 schrieb, ist ein Zeitdokument.

Mein ganzes Sinnen und Trachten ging darauf hinaus, einen Weg zur Erneuerung der Bühnenkunst zu finden. Dieses Anliegen beseelte mich und ließ alles andere in den Hintergrund treten, auch meine Arbeit als Schauspieler. In Zürich hatte ich auch Kontakt mit dem dortigen Zweig aufgenommen und war von Herrn Dr. Jakob Hugentobler, dem damaligen Zweigleiter, freundlichst in seinem Heim, wo die Zweigversammlungen stattfanden, empfangen worden. Die starke Inanspruchnahme am Theater ermöglichte es mir freilich recht wenig, an den Zusammenkünften teilzunehmen. Durch die Gastspiele kam es zu 45 Einstudierungen in der Saison bis Ostern 1924. Schon bald nach Beginn der Spielzeit erhielt ich ganz unerwartet eine Einladung nach Dornach zu einem Gespräch in die Villa Hansi, wo Herr und Frau Dr. Steiner wohnten.

Am 19. Oktober fuhr ich nun zum ersten Male nach Dornach. Es war schon ein merkwürdiges Empfinden, das mich befiel, als ich unterwegs zu diesem Ort war, wo sich so vieles ereignet hatte. Ich meldete mich im Hause Friedwart, dem Sekretariat der Gesellschaft. Ich wurde aufgefordert, sogleich in die Villa Hansi zu kommen. Als ich in das Zimmer eintrat, in welchem Herr und Frau Dr. Steiner bereits saßen, kam es zu einer kleinen Überraschung für mich, als mich Rudolf Steiner fragte: »Und wo ist Ihre Frau?« Bei der telefonischen Anmeldung hatte man wohl verstanden: Herr und Frau Froböse. Eine solche Verwechslung bei meinem Namen kommt öfters vor. Ich war etwas verlegen und sagte, ich sei nicht verheiratet, wäre allein gekommen. Dr. Steiner begann das Gespräch: »Nun, Sie waren ja bei Gümbel-Seiling engagiert. Erzählen Sie mir einmal!« – Dr. Steiner saß rechts von mir, mir gegenüber Marie Steiner. Er stützte seinen Kopf in seine linke Hand, um zuzuhören. Und so begann ich zu berichten, was ich in der Pfalz erlebt hatte. Ob schon während meiner Schilderung oder erst später der Gedanke in mir wach wurde, daß dieses wohl eine Prüfung sei, vermag ich nicht zu sagen. Aber ich fühlte, daß Dr. Steiner mich nicht ohne Grund aufgefordert hatte, gerade über diese Zeit, in der ich vielerlei Erfahrungen machte, zu berichten. Nachdem ich geendet hatte, ging Dr. Steiner unmittelbar dazu über, mir mitzuteilen, warum er mich hergebeten hatte. Seit geraumer Zeit lud der Berner Zweigvorstand das Eurythmie-Ensemble regelmäßig zu Beginn des neuen Jahres zu einem Gastspiel im Stadt-Theater ein. Im kommenden Januar war vorgesehen, auch die Ariel-Szene aus *Faust II* in das Programm aufzunehmen. Die Rolle des Faust hatte stets Jan Stuten, ein außergewöhnlicher, hochbegabter Künstler, vor allem Musiker und Komponist, übernommen. Aber er war Holländer und seine deutsche Aussprache daher nicht ohne Akzent. Als Dr. Steiner mich fragte, ob ich die genannte Szene des *Faust* kenne, mußte ich dies verneinen. »Nun, dann werde ich Ihnen den Monolog vorlesen«, erwiderte er und ließ sich den Goetheband bringen. Mit *Faust II* hatte es aber bei mir folgende Bewandtnis. Es gab zu meiner Zeit, noch in den zwanziger Jahren, einen heute kaum mehr bekannten oder gebräuchlichen Begriff, den des »reifen Mannesalters«. Ich hatte indessen diesen Begriff in mein Bewußtsein aufgenommen und mir Gedanken darüber gemacht, was man wohl in diesem Zeitpunkt tun sollte oder würde, aber auch, daß man sich für diese Zeit der Reife etwas Besonderes aufsparen müsse. Ich fand, es wäre gut, erst dann den zweiten Teil der Faustdichtung zu lesen. So kam es, daß ich eben nur den ersten Teil des *Faust* kannte. Es hätte gewiß Dr. Steiner amüsiert, wenn ich ihm meinen Grund erzählt hätte, aber das hätte ich damals nicht gewagt. So las mir also Rudolf Steiner diesen wunderbaren Monolog vor. Ich war von seinem Vortrag tief ergriffen, hörte vom ersten bis zum letzten Wort atemlos zu. Als er geendet hatte, fragte er mich, wie es mir gefallen habe. Da freilich war alle Scheu von mir gewichen, und ich brachte heraus, wenngleich in mehr stammelnder Weise, was mich so ergriffen hatte. Besonders das, was man mit einem Kunstausdruck das »enjambement«, das Hinüberschwingen von einer Zeile zur anderen, nennt, fand ich ganz wundervoll und sagte es ihm mit unbeholfenen Worten, aber mit leuchtenden Augen. Er hörte es sich ruhig an, erwiderte aber nichts. Auf einem Zettel hatte ich mir später notiert: Endsilben etwas heben. Pausen halten. Am Ende des Monologes: *Der* spiegelt ab...! Dieses *Der* tönte lange nach, faßte alles zusammen. Später konnte ich besser begreifen, was der Monolog enthielt. Weibliche Silben ausklingen lassen, schrieb ich mir auch auf. Das Seelische im Rhythmus. – Dann mußte ich die Verse sprechen. Ich kann mich nicht mehr daran erinnern, wie es wohl geklungen haben mag. Dr. Steiner sagte am Ende nur: »Nun – es wird gehen!« Frau Doktor äußerte sich nicht. Später sagte sie meinem Freund Wiemer: »Warum so nasal?« Ja, andere Mittel kannte ich nicht. – Dann ging

Dr. Steiner noch auf meinen Brief ein, den ich ihm aus Berlin geschickt hatte. Er sprach von der Möglichkeit eines Kurses für ›Sprachgestaltung und dramatische Kunst‹ im nächsten Jahr. Das war natürlich eine ungeheure Aussicht. Ich wußte von Dr. Steiners Tätigkeit als Herausgeber des *›Magazins für Literatur‹* und der *›Dramaturgischen Blätter‹*. Mich interessierte es, wie er wohl nach seiner Tätigkeit für die Anthroposophie noch das Theater verfolgt habe. Und so fragte ich ihn danach. »Bis Reinhardt! Dann wurde es mir zu *dumm!*« Und er warf bei diesem Wort seinen Kopf mit einem Ruck nach rechts herum. Das beeindruckte mich. Ob ich noch am Ende der Unterhaltung erfuhr, daß in der ersten Novemberwoche in Zürich sowohl ein öffentlicher als auch ein Mitgliedervortrag stattfinden würde, weiß ich nicht mehr. Aber Dr. Steiner empfing mich noch einmal im Augustinerhof in Zürich am 7. November 1923 um 15.00 Uhr.

Beim Herausgehen an der Haustür bemerkte er, daß ich keine Kopfbedeckung trug. »So«, sagte er mit etwas gedehnter Stimme, »Sie tragen also auch keinen Hut?« Das war mein erster Besuch in der Villa Hansi. Ich war abends spielfrei und hörte in der Schreinerei einen Vortrag von Dr. Steiner, der jetzt in dem Zyklus ›Der Mensch als Zusammenklang des schaffenden, bildenden und gestaltenden Weltenwortes‹ veröffentlicht ist. Er war gerade erst aus Stuttgart nach Dornach zurückgekehrt, wie ich später erfuhr. Es begann eine neue Vortragsreihe. Zufällig ergab es sich, daß ich Dr. Steiner nach dem Vortrag im Vorraum der Schreinerei begegnete, als er in sein Atelier ging. Er sprach mich an: »Nun, wie hat es Ihnen gefallen?« Ich faßte mich, denn ich stand noch ganz unter dem Eindruck des Gehörten und brachte nur heraus: »Ach, Herr Doktor, es war so *schön!*« Und ich legte alles, was ich an Dankbarkeit und Liebe ihm gegenüber empfand, in dieses Wort. Er sah mich einen Augenblick an und ging dann weiter. Ich arbeitete nun, so gut ich es eben vermochte, an dem Monolog.

Das Gespräch im Augustinerhof lag mir sehr am Herzen, denn ich wußte ja, daß meine Freunde und eine Reihe von

Persönlichkeiten, die ich für die Idee eines neuen deutschen Theaters interessiert hatte, darauf warteten, wie Dr. Steiner unser Unternehmen beurteilen würde. Um Dr. Steiner näher zu begründen, was mich zu meinem Brief aus Berlin veranlaßt hatte, erzählte ich ihm nun, wie das Theaterleben auf mich gewirkt hatte. Ich faßte noch einmal zusammen, was ich in dem Schreiben hervorgehoben hatte: nämlich die Not, in welche der Schauspieler gerät, wenn er ohne einen begreiflichen Grund sich so oder so auf der Bühne bewegen muß. Ich beschrieb, wie dadurch die inneren Kräfte immer mehr gelähmt würden und sagte: »Ein Stück Holz ist lebendiger als mein Körper.« Dann ging ich dazu über, auf soziale Verhältnisse hinzuweisen. Es war mir bewußt, daß der seit Jahren nun bestehende Normalvertrag der Genossenschaft Deutscher Bühnenangehörigen eine ganz wesentliche Verbesserung der Verhältnisse an den Bühnen gezeitigt hatte, besonders für das weibliche Personal. Aber es war auch damit eine gewisse Verbürgerlichung verbunden, wenngleich die frühere Willkürherrschaft der Direktoren gebrochen war. Was ich aber als eine ernste Gefahr für die Entwicklung des Theaters ansah, war der Einfluß der politischen Parteien. Schon in Guben hatte ich die ersten Anzeichen davon beobachtet, gesehen, wie die Spielplangestaltung nicht nach rein künstlerischen Gesichtspunkten vorgenommen wurde, wie auch Beziehungen, welche Künstler zu Persönlichkeiten in der Stadtverwaltung hatten, dabei eine Rolle spielten. Ich schilderte einige Zustände einfach aus dem Leben.

Das Buch von Rudolf Steiner »Die Kernpunkte der sozialen Frage« hatte ich noch nicht gelesen. Der Begriff eines *freien* Geisteslebens lebte in mir unbewußt durch die Erfahrungen, die ich bis zur Stunde am Theater gesammelt hatte. Ich wollte Dr. Steiner dadurch auch begründen, daß wir den Versuch unternehmen möchten, etwas Eigenes, Unabhängiges auf die Beine zu stellen. So wie Rudolf Steiner zuhörte, empfand ich sein völliges Verständnis für das Ausgesprochene. Und so beschrieb ich, was sich zwischen meinen Freunden und mir ergeben hatte bis in die Aufstellung eines Vertrages hinein. Es ist nun im Rückblick aufschlußreich, daß Dr. Steiner dem ideellen Bestreben von uns, ja sogar dem Finanziellen gegenüber sich nicht »pessimistisch« äußerte, aber mit Nachdruck auf *»die zeitgeschichtliche Lage, in der wir stehen«* hinwies. »Wenn er diese berücksichtige – und es sei notwendig, daß man sie berücksichtige –, so müsse er allerdings schwere Bedenken haben!« meinte er wörtlich. Ich muß hier einfügen, daß mir erst jetzt, beim nochmaligen Lesen meiner Notizen in den Sinn kommt, was Dr. Steiner damit hatte ausdrücken wollen. Es wurde ja zu dieser Zeit von ihm bereits der Entschluß gefaßt, den Philosophisch-Anthroposophischen Verlag von Berlin nach Dornach zu verlegen. Bald darauf reiste auch Marie Steiner nach Berlin, um die Übersiedlung ihres Verlages nach Dornach in die Wege zu leiten. Befangen von meiner Idee, versäumte ich in diesem Augenblick, Dr. Steiner um näheren Aufschluß für seine Bedenken zu fragen. Er hatte die politische Entwicklung in Deutschland schon damals erkannt und vorausgesehen – man erinnere sich, was in diesen Novembertagen 1923 in München geschah! Im Gespräch aber wies er weiter darauf hin, daß es notwendig wäre, zunächst einmal den Menschen das Verständnis für das wirklich Künstlerische klarzumachen, »daß sie das einsehen«. Dann erkundigte er sich auch nach den Stücken, die wir aufführen wollten. Ich zählte auf: *Wenn wir Toten erwachen*, den Epilog von Henrik Ibsen. Dr. Steiner stimmte zu; *Ein Traumspiel* von August Strindberg. Dr. Steiner war auch zufrieden, doch fügte er hinzu: »Da müssen Sie aber den Schluß umdichten!« Als Drittes hatten wir gedacht, müsse noch das anthroposophische Drama *Das Viergetier* von Albert Steffen hinzukommen. Auch das fand die Zustimmung von Dr. Steiner. Es kam noch die Rede auf den ›Dramatischen Kurs‹, der um Ostern 1924 stattfinden sollte. Und es wurde in Aussicht genommen, daß ich vielleicht zu Weihnachten anläßlich der zu gründenden Weltgesellschaft für Anthroposophie ein Wort über meine Pläne den Mitgliedern würde sagen dürfen. Dr. Steiner nannte noch einige Persönlichkeiten innerhalb der Gesellschaft, die ähnliches anstrebten; Kugelmann, der in der Idee mit uns einverstanden wäre. Eventuell kämen auch die jüngeren Menschen in Frage, die bei den Sprachkursen im Sommer und Herbst 1922 mitgewirkt hätten. »Aber für das, was Sie wollen, Herr Froböse, muß ich erst in der Gesellschaft eine gewisse *Stimmung* erwecken. Aber ich werde jetzt viel über Künstlerisches sprechen«, fügte er hinzu die Unterredung beendend. Ich bedankte mich vielmals für alles, was Rudolf Steiner mir gegenüber ausgesprochen hatte. Dann verließ ich das Hotel. Über meinen Vater sprach ich nicht. Ich wollte mich streng an den Auftrag halten, den ich für meine Freunde übernommen hatte. Ich sehe mich noch den Weg zum Bellevue einschlagen. Ich fühlte mich wie vor den Kopf geschlagen. Das Wort »Stimmung« war es, was ich nicht begriff, das mir nachdrücklich, wie es gesagt worden war, nachging. Dr. Steiner mußte für das, was mir so selbstverständlich war, was ja notwendig war, um zu einer Erneuerung der Bühnenkunst zu gelangen, für das mußte er innerhalb seiner Gesellschaft erst eine *Stimmung* wecken?! Sie war also nicht vorhanden. Ich fing an aufzuwachen. Ich hatte wohl alles in einem allzu rosigen Licht betrachtet, und nun versetzte mich Dr. Steiner in die Wirklichkeit, wie sie war. Ich war ihm unendlich dankbar für diese Lehre, bin es ihm bis auf den heutigen Tag. Und wie recht mußte ich ihm immer mehr geben, je älter ich wurde. Ich berichtete über das Gespräch meinen Freunden. Die Osterzeit 1924 mit der Aussicht auf einen Kursus von Rudolf Steiner für Schauspieler war für alle Beteiligten der Hauptpunkt, um den sich alles drehte.

Das Gespräch mit Dr. Steiner beschäftigte mich unentwegt. Um ein Gegengewicht gegenüber meinem Drinnenstehen im Bühnenbetrieb zu schaffen, schrieb ich meine Gedanken nieder, die ich mir über die deutsche Schauspielkunst gemacht hatte und schickte den Aufsatz Ende November an Dr. Steiner. Auf diese Weise konnte ich mir etwas von der Seele schreiben. Noch zwei weitere Arbeiten entstanden: ›Schauspielkunst‹ und ›Schauspielernot. Ein Bekenntnis‹. Sie zeigen alle den ungeheuren Drang, einen neuen Weg zu beschreiten. Die Gedanken reichten indessen nicht aus, das Problem an der Wurzel zu fassen. Ich war aber auch nicht untätig gewesen, um für den Beginn einer neuen Arbeit finanzielle Mittel zu suchen. So schrieb ich an einen Freund von meiner Mutter und mir, der seit einiger Zeit in Brasilien lebte und sich dort eine angesehene Stellung als Ingenieur geschaffen hatte. Er kannte unsere Lebensverhältnisse und hatte zu mir eine freundschaftliche Beziehung. So konnte ich gewiß sein, daß er Verständnis haben würde für mein Anliegen. Ich dachte, wenn erst einmal ein erster Betrag als Fonds vorhanden ist, werden wohl auch andere Menschen etwas geben. Er schrieb mir: »Lieber Edi, für die Errichtung eines Säuglingsheimes könnte ich schon etwas Geld zusammenbekommen. Für ein neu zu gründendes Theater keinen Pfennig!« Das war eine bezeichnende Antwort. Ich teilte sie in einem zweiten Briefe am 17. Dezember Herrn Dr. Steiner mit und schloß daran die Bitte, ob ich nun zu den Vertretern der Gesellschaft würde sprechen dürfen. Außerdem hätte ich inzwischen einige Zuschriften erhalten von Menschen, die aktiv an unseren Bestrebungen teilnehmen wollten. Freilich erlaube mir der Spielplan nur, am 25. Dezember nach Dornach zu kommen. Ich hatte die Nummer der Zeitschrift *›Das Goetheanum‹*, in welcher das Programm der Weihnachtstagung eine Woche vor Beginn angekündigt wurde, noch nicht erhalten. So fuhr ich am ersten Weihnachtsfeiertag wieder nach Dornach.

Die Landschaft lag tief im Schnee. Und die weiße Decke ließ auch die Konturen des Betonsockels verschwinden, der noch vom abgebrannten Goetheanumbau übriggeblieben war. Jetzt schien die Morgensonne und vergoldete alles. Ich hatte einen frühen Zug genommen und anschließend die Tram vom Aeschenplatz und kam gegen 10 Uhr in Dornach an. Mit mir noch zahlreiche Tagungsgäste. Wir alle gingen raschen Schrittes zur Schreinerei herauf. Als wir oben anlangten, sahen wir schon eine ganze Schar von Mitgliedern vor der Tür stehen. Die Tür war geschlossen. Schlag 10 Uhr hatte Dr. Steiner selbst das Tor geschlossen und den Schlüssel an sich genommen. So warteten wir draußen im Schnee und hörten durch die Holzwände die laut tönende Stimme Rudolf Steiners. Die Worte konnten wir nicht verstehen. Es war schmerzlich, so ausgeschlossen zu sein, aber erst später, als ich den Wortlaut der Grundsteinfeier kennenlernte, wurde mir voll bewußt, was ich versäumt hatte. Dann aber nahm ich an der Vormittagsveranstaltung teil und erlebte, wie Rudolf Steiner die Versammlung leitete, wie sich das formte, was sich schließlich als »Allgemeine Anthroposophische Gesellschaft« bis heute fortentwickelt hat. Die Schreinerei bot einen ungewöhnlichen Anblick. Die Holzwände zum Vortrags- und Bühnensaal waren entfernt, und so entstanden im Norden und im Süden Reihen für neue Sitzplätze. Annähernd tausend Mitglieder mögen es gewesen sein, die sich zur Gründungsversammlung eingefunden hatten. Es war ein imponierendes Bild: Rudolf Steiner als Versammlungsleiter, zielbewußt und sicher die Verhandlungen führend. Schon umgeben von seinen Mitarbeitern im Vorstand und den leitenden Freunden aus dem In- und Ausland. Es waren wohl wirklich Wände gefallen, und das äußere Bild entsprach einem inneren Geschehen. Ein neuer Einschlag durch Rudolf Steiner selbst gab der Gesellschaft ihr Gepräge, wollte von Anfang an auch schon durch die Behandlung der Traktanden zeigen, daß in Zukunft ein neuer Zug, wie sich Rudolf Steiner ausdrückte, durch die Gesellschaft gehen sollte. Ich hatte ein tiefes Bedürfnis, Dr. Steiner zu sehen und meldete mich beim Eingang zur Bühne. Es sei völlig ausgeschlossen, Dr. Steiner zu sprechen, war die Antwort. Ich bat, Dr. Steiner meinen Namen zu nennen; er würde dann kommen. Schließlich erfüllte man mein Begehren. Und – Dr. Steiner kam. Er war sehr freundlich, sagte aber, daß es heute für ihn unmöglich wäre, mich zu sprechen. Ich erwiderte nur, daß ich ab morgen Proben mit Kayßler habe und nicht noch einmal nach Dornach kommen könnte. Dann ging er. Es war ein schwerer Augenblick für mich. Ich dachte an meine Freunde, unsere Pläne. In die Lage von Dr. Steiner konnte ich mich erst später und dann immer mehr hineinversetzen. Aber am Nachmittag sollte ich etwas erleben, was mich über diese Enttäuschung hinwegbrachte. Um 16.30 Uhr war die Aufführung des *Christgeburtspieles*. Ich hatte mir eine Karte besorgen können und saß nun erwartungsvoll im Schreinereisaal, in dem auch Rudolf Steiner anwesend war. Zum ersten Mal sah ich eines der Oberuferer Weihnachtsspiele, die er schon vor Jahren einstudiert hatte. Ähnliche Spiele kannte ich nicht, hatte auch nie eines irgendwo gesehen. Alles, was ich sah und hörte, war neu für mich. Ich saß wie gebannt auf meinem Stuhl und lauschte. Es war ein Weihnachtsspiel, was sich da auf der Bühne vollzog. Dr. Steiner hatte die Anwesenden begrüßt und erzählt, wie diese Spiele entstanden waren und wie er sie durch seinen väterlichen Freund und Lehrer, Professor Karl Julius Schröer, in Wien kennengelernt hatte. Dann erschienen die Spieler und zogen singend durch den Saal. Der Sternsinger begrüßte die Anwesenden. Es wurde im österreichischen Dialekt gesprochen. Dann kam die Begrüßung durch den Engel Gabriel. Und dann begann das Spiel. Es sind eigentlich zwei Spiele, die ineinander übergehen: das *Christgeburtspiel* und das *Spiel der Hirten*, die nach Bethlehem ziehen, um das Christkind anzubeten. Sprache, Darstellung und Gesang, sowohl im einzelnen als auch im Chor, nahmen mich ganz gefangen. Ich kann mein Erlebnis schwer in Worte bringen. Das biblische Geschehen wurde so einfach, so schlicht, aber so überzeugend wiedergegeben, daß der unbefangene Zuschauer zutiefst berührt und ergriffen wurde. Diese Volkskunst war wahr, war echt, war nicht gespielt. Ich saß tränenüberströmt da. Ich schämte mich nicht meiner Tränen. Ich war im Innersten erschüttert. Hier *lebte* ja bereits das, was ich, was wir so sehnlich suchten. Es war ein einheitliches Ensemble. Wohl Laienspieler. Aber was sagt solch ein Wort? Nichts. Diese Menschen verkörperten in einfacher Weise die bekannten Gestalten, gingen ganz in ihnen auf. Nach der Vorstellung mußte ich zurückreisen, konnte den Abendvortrag von Dr. Steiner nicht noch anhören. Aber das Erlebnis der Weihnachtsspielaufführung verließ mich nicht. Es klang nach und überstrahlte den Jahresausgang.

Das Jahr 1924 bis zum Michaelitag

Dornach, den 16. Januar 1924

Sehr geehrter Herr Froböse,
Wir haben einige Wochen intensivster Arbeit hinter uns und waren auch stark in Anspruch genommen durch die großen Scharen zugereister Gäste, die erst jetzt allmählich abgeflutet sind. So war es Dr. Steiner nicht möglich Ihren Brief zu beantworten. Als er ihn dieser Tage suchte, war er leider unter den aufgetürmten Briefschaften nicht mehr zu finden. Nun fürchte ich sehr, daß es für Sie Schwierigkeiten geben könnte in so kurzer Zeit einen Urlaub zu erhalten, möchte Ihnen aber doch die Mitteilung machen, daß wir am 26. Januar in Bern und am 29. Januar in Zürich eine Aufführung im Stadttheater haben werden; die bewußte Szene im Faust: Ariel, die Elfen und Faust, und im zweiten Teil unseres Programmes andere eurythmische Darbietungen. Wir würden uns sehr freuen, wenn Sie den Faust übernehmen würden. Sonntag, den 20. Januar, werden wir die Szene hier in Dornach geben. Wenn es Ihnen möglich wäre schon am Samstag zur Generalprobe zu kommen, die um 5 Uhr stattfinden muß und in Bern außer der Aufführung die Generalprobe am 25ten um 3 Uhr nachmittags mitzumachen – dann in Zürich am 28ten 3 Uhr Generalprobe, am 29ten abends Aufführung, würden wir uns sehr freuen. Ist es unmöglich, so bitten wir um umgehende Nachricht, da wir dann schnell andere Dispositionen zu treffen haben.

Leider haben wir nie die Möglichkeit lange vorher unsere Dispositionen zu treffen, da unsere Zeit immer überlastet ist. Die Anspannung aller Kräfte hilft dann über die Schwierigkeiten hinweg.

Mit vorzüglicher Hochachtung

Marie Steiner

Ich hatte schon vorsorglich im Theaterbüro von der Möglichkeit eines Gastspieles mit der Eurythmie gesprochen und erkundigte mich nun nach dem Probenplan und den Vorstellungen. Am 19. hatte ich wie fast immer vormittags Probe, konnte aber rechtzeitig in Dornach eintreffen. Am darauffolgenden Sonntag war ich nachmittags und abends spielfrei und auch mit Bern ließ es sich einrichten. Doch für Zürich konnte ich nicht mehr zusagen. So stand mir also eine nicht einfache Zeit bevor.

In Dornach wurde ich in der Villa Hansi freundlich von Frau Dr. Steiner empfangen und fuhr mit ihr im Auto hinauf zur Schreinerei. Sie hatte sich vor Jahren ein Beinleiden zugezogen, mußte Schienen tragen, aber man merkte kaum etwas von diesen Beschwerden. Ich bekam den Faustmantel, und Fräulein Käthe Mitscher, die der gute Geist der Eurythmie war, orientierte mich kurz über den Verlauf der Eingangsmusik. Sie gab mir das Zeichen zum Aufstehen. Die szenische Bemerkung bei Goethe lautet: *Anmutige Gegend. Faust auf blumigen Rasen gebettet, ermüdet, unruhig, schlafsuchend. – Dämmerung, Geisterkreis schwebend bewegt, anmutige kleine Gestalten.*

Dann beginnt es mit den Worten des Ariel, die vom Chor fortgeführt werden. Jan Stuten spielte die von ihm komponierte Musik auf dem Flügel. Und dann kam das Zeichen; ich hatte mich zu erheben. Der Geisterchor umstand mich. Aber zu meiner Überraschung und Bestürzung begann nun dieser sich zu meiner Rezitation zu bewegen. Das hatte ich mir nicht so vorgestellt. Ich hatte mich überhaupt nur auf meinen Monolog eingestellt, kannte die Inszenierung durch die Eurythmie nicht und hatte auch nicht danach gefragt. Herr und Frau Dr. Steiner konnten voraussetzen, daß mir das klar war. Nie wäre es mir in den Sinn gekommen, auch nur in dieser Art zur Eurythmie zu sprechen ohne irgendwelche Voraussetzung. Ich sprach zwar fehlerlos weiter, konnte aber keineswegs Herr meiner inneren Erregung werden. Und so kam ich bis zum Schluß und verharrte in der ausklingenden Gebärde bis zum Ende des musikalischen Nachspiels. Dr. Steiner stand auf, kam an die Rampe und sagte: »Nun, es wird das Beste sein, wenn ich Ihnen den Monolog noch einmal vorspreche. Kommen Sie bitte herunter und schauen Sie sich von hier aus das Bild an.« So hörte und sah ich noch einmal, wie Rudolf Steiner den Monolog gestaltete. Dann wurde das Ganze wiederholt, und es ging natürlich besser, nachdem ich mich von meinem Schock erholt hatte. George Metaxa, einer der Dornacher Musiker und Komponisten, hat mir einige Zeit später auf einer Eurythmie-Reise seine Eindrücke von der Probe geschildert. Er fand, ich hätte mich überraschend gut in das Ganze eingefügt. Das waren die beiden Male, an denen ich die Goethe-Verse von Dr. Steiner hörte. Tags darauf sprach ich den Monolog ohne nochmalige Einsprechprobe, und in Bern hatte ich auch nur Generalprobe und Aufführung. Den zweiten Teil des Programmes sah ich mir dann vom Saal aus an. Am Ende der Probe fragte mich Dr. Steiner, wo ich untergebracht wäre. Ich sagte, er müsse sich keine Sorgen machen, ich hätte schon ein Zimmer in der Pension Leuzinger genommen. Das war bezeichnend für ihn: wie er sich um alles kümmerte. So übernachtete ich in dem Haus, in welchem ich später viele Jahre wohnen sollte. Die Pension Leuzinger wurde in den 30er Jahren, da sie sich nicht finanziell trug, Marie Steiner für die Bühnenkünstler geschenkt. Dann kam das Gastspiel in Bern. Bei der Generalprobe konnte ich wieder erleben, wie Rudolf Steiner bei einer schwierigen Lage souverän die Situation beherrschte. Die eindrucksvolle Musik zur Arielszene war für Orchester geschrieben, und hier in Bern waren eine Reihe von Musikern zu den Dornacher Künstlern engagiert worden. Jan Stuten dirigierte im Orchesterraum. Aber die Musik dominierte doch zu stark. So bat Dr. Steiner den Komponisten und Dirigenten, mit dem Orchester hinter der Szene Platz zu nehmen, wo genügend Raum vorhanden war. *Wie* er das aber tat, kann man schwer beschreiben. Hier kam die österreichische Liebenswürdigkeit, überhaupt sein entgegenkommendes Wesen in schönster Weise zur Geltung. Und so vollzog sich der Umzug reibungslos, ja, die Musiker waren überzeugt, daß ihre Wiedergabe auf diese Weise am besten zur

Geltung käme. Sonst verlief die Probe ohne einen weiteren Zwischenfall. Nach der Generalprobe waren die Mitwirkenden zum Tee zu Anna von Reding, die das Gastspiel arrangiert hatte, eingeladen. Fräulein von Reding war eine frühere Konzertsängerin, für die neue Bewegungskunst ganz aufgeschlossen und ebenfalls für die Rezitationskunst von Marie Steiner. Man kam im Gespräch auf allerlei künstlerische Veranstaltungen, und da ich erst vor kurzem Alexander Sacharoff und Clothilde von Derp im Züricher Stadt-Theater erlebt hatte, beschrieb ich meine Eindrücke. Mich hatte Sacharoff durch die Wiedergabe eines Stückes von Couperin *Pavane royal* fasziniert. Ich war weit davon entfernt, für den Ausdruckstanz etwa eine Lanze zu brechen, sah natürlich allein in der Eurythmie das Zukünftige, aber das konnte mich nicht hindern, eine bedeutende künstlerische Leistung anzuerkennen. Ich erlebte die totale Dekadenz, fand aber Sacharoff in seinem herrlichen Kostüm à la Louis XV. hinreißend. Und so faßte ich zusammen: »Er tanzt den Untergang Europas.« Man verstand wohl nur das Lobende und war nicht angetan von dem Urteil dieses jungen Schauspielers. Mit einer Ausnahme: Marie Savitch. Sie sagte mir später, als ich schon in Dornach lebte, sie habe mich damals verstanden in dem, was ich zum Ausdruck bringen wollte. Am Abend vor Beginn der Aufführung sah ich Dr. Steiner ruhig im Gang vor den Herren-Garderoben auf- und abgehen. Ich wäre gern zu ihm gegangen, um ihm die Hand zu geben. Aber es ging von ihm etwas aus, was mich davon abhielt. Er bereitete sich gewiß für die Einführung, die er stets zu Beginn der Aufführungen hielt, vor. Doch es war nicht nur das. Erst viel später wurde mir klar, was mich wohl beeindruckte, was die geschilderte Empfindung hervorgerufen hatte. Es war wie eine Last, die er trug. Und mir wurde bewußt, was alles seit der Tagung zur Weihnachtszeit 1923/24 von ihm bewältigt werden mußte. Eine tiefgehende Veränderung schien mit ihm vorgegangen zu sein. Ich war schon im Kostüm und suchte meinen Platz, von dem aus ich die Bühne zu betreten hatte. Die Musiker hatten sich auch eingefunden; sie stimmten ihre Instrumente. Mein Blick fiel plötzlich auf einen der Dornacher Mitwirkenden. Es durchzuckte mich etwas; blitzartig der Gedanke: was werde ich mit diesem Menschen alles erleben! Ich kannte ihn nur dem Namen nach. Aber mein Gefühl trog nicht. Noch einmal hatte ich ein gleiches Erlebnis, als ich einem der Schauspieler, die später nach Dornach kamen, zum ersten Mal begegnete, lange Zeit bevor wir in gemeinsamer Arbeit zu wirken hatten. In den Vorträgen über das menschliche Karma erwähnt Rudolf Steiner solche Lebensbegegnungen, die auf Geschehnisse in der Vergangenheit hinweisen.

Die Vorstellung hatte Erfolg. Nach Schluß ging ich in mein Hotel. Am nächsten Morgen fuhr ich zurück nach Zürich. Das gewohnte Leben nahm mich auf. Der Aufführung im Züricher Stadt-Theater konnte ich nicht beiwohnen; aber am Tage vorher, am 28. Januar, hörte ich den Mitgliedervortrag von Rudolf Steiner.

Vor Beginn des Jahres schon war mir von der Direktion des Schauspielhauses ein Reengagement mit etwas erhöhter Gage angeboten worden. Die Gastspiele von Albert und Else Bassermann, von Alexander Moissi und Johanna Terwin fielen in die ersten Monate des neuen Jahres. Am 30. April endete die Spielzeit. Am 29. April trat ich zum letzten Male auf. Der Schweizer Dramatiker Cäsar von Arx hatte die Regie der letzten Einstudierung *Weh dem, der lügt* von Grillparzer. Ich hatte nur eine kleine Rolle noch zu übernehmen, und so stand auf dem Theaterzettel: ein Pilger – Edwin Froböse. Das war der Abschluß meiner vierjährigen Theaterlaufbahn. Ich habe später den Züricher Vertrag gelöst. Aber oftmals mußte ich an diesen Abgang vom Theater zurückdenken.

Am 1. Mai reiste ich über Stuttgart, wo ich mit Jo Thylmann zusammentraf und ihr von allem, was geschehen war, erzählte, nach Berlin. Mit ihr hatte ich schon seit einiger Zeit Fühlung genommen. Sie war auch mit einer Erneuerung der Bühnenkunst verbunden. Nun folgten nicht leichte Wochen, bis sich endlich entschieden hatte, was mein künftiges Leben bestimmte. Von den verschiedenen Bühnenerfahrungen bildeten die Züricher Erlebnisse einen Höhepunkt, schon durch die Begegnungen mit den bedeutenden Repräsentanten der damaligen Bühnenkunst. Ich war dem Schicksal mehr als dankbar, wie es mich geführt hatte, waren auch die Züricher Monate oftmals sehr schmerzvoll.

Einen Namen muß ich noch nennen: Friedrich Prüter in Karlsruhe. Er war dort später Staatsschauspieler und ich hatte zunächst nur brieflichen Kontakt mit ihm. Aber auf dem Wege nach Berlin trafen wir uns am 6. Mai 1924 spät am Abend auf dem Bahnhof und verbrachten die halbe Nacht im Gespräch bis zum Abgang meines Zuges. Er war offen für die Idee eines neuen Theaters, war auch der Anthroposophie gegenüber aufgeschlossen, wurde dann Mitglied der Anthroposophischen Gesellschaft, konnte sich aber doch nicht entschließen, der Bühne den Rücken zu kehren, obwohl er ebenfalls unter vielem litt, was ich beschrieben habe. Er nahm auch an einem der Sommerkurse teil, die Marie Steiner nach dem Tode von Rudolf Steiner in Dornach für Bühnenkünstler einrichtete. Neben seinen Rollen gab er in regelmäßigen Abständen Rezitationsabende und fiel durch die gepflegte Wortkunst seines Vortrages auf. Er betonte auch, was er der Dornacher Sprachgestaltung verdanke, stand aber bis zu seinem Tode in gewisser Weise abseits. Wir hatten nicht nur in jener Nacht lange Gespräche, in denen jeder auf seinem Standpunkt beharrte, aber alles geschah in freundschaftlicher, warmherziger Weise. Er bejahte vollauf, was sich bald darauf in Dornach vollzog. Auch meinen Freund, Ludwig Heinle, besuchte ich damals in Heidelberg. Er war und blieb durch und durch Schauspieler. Auch er begrüßte mein Vorhaben, aber ging seinen eigenen Weg. Jahre später stieß er auf die Anthroposophie und wurde Mitglied der Gesellschaft. Es kam auch dazu, daß der für Ostern in Aussicht genommene Kursus für Schauspieler durch Dr. Steiner plötzlich verschoben wurde, aber kein neues Datum bekannt wurde. Kaum war ich aber in Berlin angekommen, wo ich wieder zu Hause wohnte, traf ich mit Heinz Hilpert zusammen und erhielt die Aufforderung durch meinen Agenten, mich dem Leiter der Dumont-Bühne in Düsseldorf vorzustellen: Gustav Lindemann. Und so trat noch, bevor ich meine Freunde, Wiemer und Hausmann, begrüßen konnte, nach dem Züricher Engagement eine neue Aufforderung an mich heran, meine Bühnenlaufbahn nicht aufzugeben. Gustav Lindemann hatte etwas sehr Gewinnendes in seinem Wesen; ich brauchte ihm nicht vorzusprechen; er begrüßte mich in herzlicher Art. Wir vereinbarten eine zweite Zusammenkunft am 19. Mai. Ich hatte mir Bedenkzeit erbeten. Anderntags traf ich meine Freunde, auch Frau Langheinz. Wiemer und Hausmann hatten inzwischen mit der Schwester von Gottfried Haaß-Berkow, Malwe Grelling, die wie ihr Bruder eine Spielgruppe um sich geschart hatte, Fühlung genommen. Es war in einem Vorort von Berlin, in Johannisthal, für den 18. Mai eine Zusammenkunft geplant. Es wurde auch ein Vertreter der Schauspielgruppe von Georg Kugelmann erwartet: Günther Sponholz. Dort trafen wir auch zum ersten Mal mit Käthe Hacker zusammen, die dem Grellingschen Spielerkreis angehörte. Sie kam aus der Wandervogelbewegung. Kurt Hendewerk sah ich bei dieser Zusammenkunft zum ersten Male. Ein Ergebnis hatte die Besprechung nicht, aber es war ein Positivum, daß wenigstens einige Persönlichkeiten sich begegneten, die das gleiche Ziel erstrebten. Die Frage war: wird Dr. Steiner einen ›Dramatischen Kurs‹ geben und wann? Daran waren alle Beteiligten interessiert. Wir sprachen zwar von unserer Idee noch, ein eigenes Theater ins Leben zu rufen, aber wir erkannten auch, daß wir vor allem keine Mittel besaßen, um einen Anfang zu machen. So war alles ungewiß. Käthe Hacker hatte uns noch von Gerhardt Marwitz erzählt, einem Schauspieler vom Düsseldorfer Stadt-Theater, der durch Otto Doser, den Darsteller des Capesius in München in den Mysteriendramen, die Anthroposophie kennengelernt hatte. Er besuchte uns in Berlin und wollte sich auch aus den Theaterverhältnissen, unter denen er litt, herauslösen. Zugleich hatte Claus Clausen vom Weimarer Nationaltheater mit uns Kontakt aufgenommen. Ein junges Mädchen, Hanna Puschendorf, stellte sich ebenfalls ein. Sie spielte unter Frau Grelling. In unseren Gesprächen kamen wir auch nicht viel weiter. So mußte ich mich gerade an meinem Geburtstag entscheiden, das Angebot des Düsseldorfer Schauspielhauses anzunehmen oder abzulehnen. Was letztlich den Ausschlag gab, zuzusagen, kann ich nicht mehr sagen. Einen Augenblick habe ich in der Erinnerung behalten, als Herr Lindemann mir seine beiden Hände auf die Schultern legte und einige Worte sagte, durch die ich erkennen konnte, daß es ihm eine große Freude war, mich nun als Mitglied seiner Bühne zu wissen. Eine Rolle dabei spielte auch meine wirtschaftliche Situation. Meine Freunde waren keineswegs auf Rosen gebettet. Dennoch fühlte ich mich nicht glücklich. Da kam gewissermaßen von außen eine Hilfe. Das Eurythmie-Ensemble unter der Leitung von Marie Steiner war auf Reisen und gastierte am 5. Juni in Halle. Wiemer entschloß sich, ihr unsere Lage zu schildern und sie zu bitten, für den in Aussicht gestellten Kurs baldmöglichst das Datum mit Rudolf Steiner festzulegen. Erwartungsvoll sahen wir seiner Rückkehr entgegen. In der Tat, es war ihm gelungen, eine Zusage zu erhalten. Im September sollte der Kurs in Dornach stattfinden. Wir atmeten wie befreit auf und unterrichteten die uns bekannten Personen. Unser Theaterprojekt mußten wir begraben. Hier muß ich noch einmal Edith Beyer erwähnen, die nur durch eine solche Theatergründung eine Erneuerung erwartete. Ich habe es tief bedauert, daß es uns nicht vergönnt war, ihr bedeutendes Können und ihre hohe künstlerische Persönlichkeit mit unseren Bestrebungen zu verbinden. Bald darauf besuchte ich das Ehepaar Clausen in Weimar und lernte dort noch den Schauspieler Wilhelm Werth kennen; er spielte das Fach der Heldenväter. Beide konnten nicht zum Kurs nach Dornach kommen, da die Saison bereits begonnen hatte. Doch Clausen reiste nach Holland und hatte dort ein Gespräch mit Dr. Steiner. Ich besuchte in Weimar das Goethe- und Schiller-Archiv, konnte am Unterricht in einer Taubstummen-Anstalt teilnehmen, sah im Theater Goethes Schauspiel *Egmont* und vorher *Wallensteins Tod*. Nach Berlin zurückgekehrt erfuhr ich, daß Marie Steiner uns nach Stuttgart zu einem Eurythmie-Ferienkurs für sechs Wochen eingeladen hatte. Mit meinen Freunden, Wiemer und Hausmann, hatten sich nunmehr Frau Langheinz und Käthe Hacker auch entschlossen, sich zum Kurs nach Dornach anzumelden; gleichfalls Hanna Puschendorf. So hatte sich unsere Teilnehmerzahl verdoppelt. Dieser Umstand gab Dr. Steiner Anlaß zu einer Heiterkeit erregenden Bemerkung im Lehrerkollegium der Waldorfschule. Was diese Einladung bedeutete, konnten wir damals noch nicht ermessen. Es war nicht das erste Mal, daß Marie Steiner so hilfreich Menschen den Weg ebnete, damit diese der Anthroposophie dienen konnten. Inzwischen war auch für Anfang September ein ›Kurs für Sprachgestaltung und dramatische Kunst‹ offiziell angekündigt worden. Wir schickten am 16. Juli unseren Anmeldebrief nach Dornach und konnten am 18. nach Stuttgart reisen. Im Zug nach Stuttgart traf ich ganz unerwartet noch meinen Freund Ludwig Hoffnung. Er wußte von all meinen Erlebnissen, aber er zeigte Verständnis für meinen Weg. Es war ihm zwar schmerzlich, daß »der Edi nun nicht die Karriere machte«, die er erhofft hatte, aber er entzog mir seine Freundschaft nicht. Voller Hoffnung und Zuversicht und in großer Dankbarkeit verließen wir Berlin. In Stuttgart erwartete uns Wiemer am Bahnhof. Und wir freuten uns auf die Eurythmie-Kurse.

Die Schule stand unter der Leitung von Marie Steiner, aber Alice Fels führte die künstlerische Arbeit. In der Ton-Eurythmie hatten wir Frau von Molnar als Lehrerin. Damals waren auch noch Else Klink, Lidia Baratto und Olga Samyslowa in der Ausbildung. Es war ein reges Leben; ein guter Lehrplan, vielseitig; nicht überladen, um das Neue, dem man sich gegenübersah, allmählich in sich aufzunehmen. In der Waldorf-Schule waren Ferien, aber die Zweigabende fanden in der Landhaus-Straße statt. Die Freie Anthroposophische Gesellschaft tagte auch und machte viel von sich reden. Ernst Lehrs und Wilhelm Rath begegnete ich zum ersten Male. Zu dieser Zeit fand auch eine öffentliche Tagung der Christengemeinschaft, der Bewegung für religiöse Erneuerung, statt. Die Abendvorträge besuchte ich sämtlich, hörte beispielsweise einen Vortrag von Lic. Emil Bock.

Auf meinem Kalender steht, daß eine Arbeitsgruppe entstanden war, in der über ›Die Geheimwissenschaft‹ von Rudolf Steiner gearbeitet wurde. Zur Vorlesung kamen im Zweig der Gesellschaft die Vorträge über die Erzengel-Imaginationen. Am 31. Juli 1924 wurde ich Mitglied auch der Freien Gesellschaft. Ich hatte noch eine ganze Reihe von Freunden dort gefunden. Fried Geuter und Otto Palmer gehörten dazu. Ein Hauptereignis bildete indessen das Eurythmie-Gastspiel der Dornacher mit Marie Steiner. Am 30. Juli fand die erste Darstellung statt, die zweite im Rahmen der Christengemeinschafts-Tagung am 4. August im Gustav Siegle-Haus und zum Abschluß wieder auf der Bühne in der Landhausstraße am 6. August. Nach dieser Nachmittags-Aufführung hatte Marie Steiner eine Reihe von jungen Menschen eingeladen, um eine Probe für das Eurythmie-Sprechen durchzuführen. Es wurde von ihr als Beispiel das Gedicht von Eduard Mörike gewählt: *Der Gärtner*. Die Eurythmistin, Emica Senft, hatte es hinreißend eurythmisiert. Die Rezitation bezaubernd schön. Marie Steiner sprach es noch einmal zur Eurythmie, dann begann das Examen. So unglaublich es klingen mag, von den wohl zwanzig Anwesenden bestand keiner. Den Rhythmus, den Amphibrachus, traf niemand. Ich erinnere mich nicht mehr, wie die Begegnung endete, denn das Schöne der eurythmischen Darstellung und die Rezitation, die Marie Steiner einige Male wiederholte, überstrahlte diese Stunde. Nur bekam man einen Vorgeschmack, was einen alles erwartete. Die Prüfung zeigte deutlich, daß auf diesem Gebiete *Begabungen* fehlten. Und in unserer späteren Ausbildung bewahrheitete sich diese Erfahrung. Gar mancher gute Schauspieler oder Rezitator versagte beim Sprechen für die Eurythmie.

Wir waren durch die intensive Arbeit im Eurythmeum gut vorbereitet für Dornach und fuhren dankerfüllt in die

Schweiz. Ich konnte umständehalber erst am 1. September abreisen. Ich hatte noch vorher meinen Vertrag mit dem Düsseldorfer Schauspielhaus gelöst. Es war gar nicht so einfach. Ich hatte vorangehend an Marie Steiner am 14. und 20. Juni geschrieben. Einmal wollte ich ihr versichern nach dem Gespräch, was Wiemer in Halle mit ihr hatte haben können, wie ich weiterhin zur Sache stehe, denn ich hatte mancherlei nach meinem Auftreten in der Arielszene in Dornach und in Bern erlebt. Nun aber hatte sich meine Lage geklärt. Ich war entschlossen, den Düsseldorfer Vertrag zu lösen, wollte ihr das aber vorher mitteilen. Erst allmählich begriff ich, daß ich das auf eigene Verantwortung zu tun hatte.

An Gustav Lindemann, Schauspielhaus Düsseldorf

Sehr geehrter Herr Direktor,
erst heute komme ich dazu, das auszusprechen, was schon seit langer Zeit in mir sich gestaltet hat. – Als ich im Mai Ihnen gegenüberstand, konnte ich noch nicht das tun, was heute für mich zur innersten Notwendigkeit wurde.

Seit der Zeit des Entschlusses, mein Leben dem zu geben, was heute als Schauspielkunst noch unter Trümmern zu erahnen ist, habe ich mir Gedanken gemacht darüber, *wie* der Weg zur Erneuerung des deutschen Theaterwesens zu gehen ist. Ich bin nun zu dem Endpunkt – richtiger gesagt Ausgangspunkt – gekommen, daß *nur* eine Möglichkeit sich ergeben kann, wenn der Mensch bei sich – vielleicht kann, darf ich sagen: bei seinem Ich – den Anfang macht; der Mensch, der sich als Künstler berufen fühlt. Er wird auf diesem Wege zum Erleben der Sprache und der Gesetze, die dem Dramatischen innewohnen, gelangen. Ob er dann noch auserwählt wird, das wird abhängen von der Persönlichkeit – im tieferen Sinne meine ich dies Wort –, die diesen Weg zu gehen sich entschlossen hat. Mit ein paar Menschen habe ich bereits den Anfang gemacht; als Wegweisung dient uns die anthroposophisch orientierte Geisteswissenschaft. – Wir sind zur Zeit in

Stuttgart, um an Eurythmiekursen teilzunehmen, und werden im Herbst nach Dornach fahren, um den von Dr. Steiner gegebenen Kurs über ›Sprachgestaltung und dramatische Kunst‹ zu hören. – Ich bitte Sie nun, sehr geehrter Herr Direktor, mich von meinem Vertrag zu entbinden. Nach dem kurzen Zusammentreffen mit Ihnen, glaube ich, daß Sie aus dem Ihnen heute Mitgeteilten ersehen, wie sich eben trotz äußerer größter Schwierigkeiten dennoch innere Gesetzmäßigkeiten ergeben können, die allein ausschlaggebend sind.

Bitte lassen Sie mich bald Ihre Nachricht wissen. Ich grüße Sie und Frau Louise Dumont ergebenst

24. Juli 1924

Edwin Froböse

SCHAUSPIELHAUS DÜSSELDORF

Direktion: Dumont-Lindemann

Einschreiben

Düsseldorf, 3. August 1924

Herrn Edwin Froböse, Stuttgart, Weg zur Uhlandhöhe 6

Sehr geehrter Herr Froböse!

Leider können wir Ihrem Wunsche, Sie von dem mit uns geschlossenen Vertrage zu entbinden, nicht willfahren. Es ist uns unmöglich, weniger als einen Monat vor Probenbeginn noch einmal unsere Engagementsdispositionen zu ändern. Wir reichen Ihnen daher in der Anlage den uns eingesandten Vertrag wieder zurück. Wenn wir auf der Innehaltung des Vertrages bestehen, so tun wir das in der festen Überzeugung, daß es auch in *Ihrem* Interesse geschieht. Wir glauben gerade an Ihre künstlerische Entwicklung in der Atmosphäre des Düsseldorfer Schauspielhauses und sind überzeugt davon, daß Sie dasjenige, was Sie heute vielleicht als innere Notwendigkeit empfinden, späterhin als einen Umweg und Abweg erkennen werden. Wir kennen Menschen, die den gleichen Weg gegangen sind, den Sie erst versuchen wollen. Sie alle sind ihrem großen künstlerischen Ziel entfremdet zurückgekommen. Unsere innerste Überzeugung

erlaubt es uns daher nicht, in die Vertragslösung, die Sie erbitten, einzuwilligen.
Mit guten Grüßen

Lindemann

An Gustav Lindemann, Schauspielhaus Düsseldorf

Einschreiben
Stuttgart, 5. August 24

Sehr geehrter Herr Direktor!
Der Inhalt meiner Zeilen vom 24. Juli ist Realität. Er konnte erst nach verschiedenen Ergebnissen aus mir sich herausstellen. Ich habe die innere Entwicklung Ihnen schon gesagt; ein Zurück gibt es für mich nicht.

Nochmals – aus dem Sinn meiner ersten Zeilen an Sie – bitte ich um Lösung des Vertrages. Der Weg der anthroposophischen Weltanschauung wurde mir zur Notwendigkeit.

Ich bin nur durch pecuniäre Unmöglichkeit gezwungen gewesen, brieflich um die Vertragslösung zu bitten; vielleicht wird es mir gegeben, persönlich mit Ihnen über die Gründe zu sprechen. Den Vertrag sende ich zurück; ich nehme alle Konsequenzen auf mich.
Mit hochachtungsvollem Gruß!

Edwin Froböse

SCHAUSPIELHAUS DÜSSELDORF
Direktion: Dumont-Lindemann
Düsseldorf, den 6. August 1924

Sehr geehrter Herr Froböse!
Trotzdem auch unser Vertrag »Realität« ist, so möchten wir ihn doch nicht zu einer für Sie unangenehmen Realität werden lassen. Auch unsere geistige Einstellung zu unserer künstlerischen und menschlichen Aufgabe ist Realität. Eben darum wollen wir Ihnen keine Gewalt antun und willigen hierdurch in die von Ihnen erbetene Vertragslösung. Wir senden Ihnen den von Ihnen unterzeichneten Vertrag in

der Anlage zurück und wünschen Ihnen auf dem von Ihnen erkannten Wege von Herzen alles Gute.

Schauspielhaus Düsseldorf
Die Direktion
Dr. Emmel

Als der Agent Auerbach in Berlin davon hörte, rief er meine Mutter an und erklärte: »Für Ihren Sohn muß erst noch ein Theater gebaut werden und es müssen neue Schauspieler dazu kommen. Sonst ist er nicht zufrieden.« Viele Jahre später, nach dem Tode von Louise Dumont, als 1948 ihre Briefe an Gustav Lindemann im Verlag Karl Albert, München veröffentlicht wurden, las ich, daß erst 1925 ein Ersatz für mich in der Person von Rudolf Bach engagiert worden ist. »Ich rate, ihn an Stelle Froböses zu nehmen und halte den Tausch für sehr gut.« Frau Dumont war Theosophin. Der Jesuitenpater Friedrich Muckermann hielt bei ihrem Tode die Grabrede: Worte des Segens. Merkwürdig, daß Frau Dumont und Gustav Lindemann als Höhepunkt ihres gemeinsamen Wirkens die Inszenierung von *Faust I und II* erblickten.

Ich greife etwas der Zeit voraus und setze hierher einen Passus aus einem Brief von Rudolf Steiner an Marie Steiner, in dem er sich zu dem Buche von Felix Emmel ›Das ekstatische Theater‹ äußert. Es berührte mich seltsam, als ich dies viel später las und bedachte, wie sich alles für mich gefügt hatte.

Goetheanum, 9. November 1924.

»...Unter den Büchern, die ich jetzt angeschaut – aber in diesem Falle nur angeschaut habe – ist auch ›Das ekstatische Theater‹ von Emmel mit dem Briefe der Dumont. Die Sache ist interessant. Aber das ganze Buch ist ja nur ein Schrei oder höchstens zwei Schreie. Ein Schrei über die Verderbtheit der gegenwärtigen Bühne und ein anderer, daß es anders werden müsse. Aber damit, daß man das

Elend in die Welt hinaus schreit und an eine instinktive Ekstase appelliert, wird nichts anders. Da muß die Brücke hinübergeschaffen werden zum Verstehen des Göttlich-Kosmischen in Sprache, Gebärde und Bühnengestaltung, wie es in meinem dramatischen Kurs erstrebt ist. Ja, es wäre viel zu tun und nötig, dazu gesund zu sein...

(Rudolf Steiner – Marie Steiner-von Sivers: »Briefwechsel und Dokumente 1901–1925«. Dornach 1976)

Nun war ich wieder in Dornach. Meine Freunde fand ich im Haus Brodbeck untergebracht, in das Herr und Frau Steiner schon seit einiger Zeit hatten einziehen wollen. Die Räume in der Villa Hansi, wo sie wohnten, waren zu klein, um alles, was durch den Umzug aus Berlin hinzugekommen war, unterzubringen. So stand Haus Brodbeck leer und war während der Herbstkurse Gästen zur Verfügung gestellt worden. Es war ein frohes Treiben im Hause in Erwartung der Veranstaltungen. Dr. Steiner war noch nicht in Dornach eingetroffen; er hatte in Stuttgart »dringende Obliegenheiten« zu besorgen und kündigte den Beginn des »Dramatischen Kurses« erst für Freitag, den 5. September, mittags zwölf Uhr an. Marie Steiner gab aber vorausgehend einen Einführungskurs in Sprachgestaltung, der bereits am Dienstag, dem 2. September, nachmittags 6 Uhr begann. Eine nach Hunderten zählende Besucherschar hatte sich eingefunden. »Dann erhob sich auf der anderen Seite ein so lebhaftes Interesse gerade für diesen Kursus, daß man anfangen mußte, die Frage zu stellen: Wer kann nun außer den Berufsschauspielern oder auf die Schauspielkunst hin arbeitenden Persönlichkeiten noch dazu kommen? Da war man zunächst etwas rigoros; aber der Kreis war einmal durchbrochen und dann hat es kein Ende mehr. Diese Erfahrung haben wir besonders diesmal gemacht.« So begründete Dr. Steiner zu Beginn des Kurses die überaus zahlreiche Zuhörerschaft. Das Eurythmie-Ensemble war aus England wieder zurückgekehrt, und Frau Dr. Steiner gab während dieser

Herbstesfestzeit acht Vorstellungen; an den drei Sonntagen 7., 14. und 28. September, wie gewohnt öffentlich. Draußen war es fast sommerlich warm, die nahen Jurahänge zeigten ihren Farbenreichtum in strahlender Schönheit. Das alles bewirkte eine Stimmung, die sich über die Anwesenden ergoß. Die wenigsten aber ahnten, daß diese Wochen ein nie wiederkehrendes Erlebnis sein würden, denn die Erkrankung Rudolf Steiners war nur seiner allernächsten Umgebung bekannt.

Es war das erste Mal, daß ich die Sprechübungen, welche Rudolf Steiner im Frühjahr 1919 begonnen hatte zu geben, hörte, wie sie von Marie Steiner »kunstgerecht« vorgesprochen wurden. So saß man in der Schreinerei in dem stimmungsvollen Bühnensaal in einer der vorderen Reihen mit den übrigen Schauspielern zusammen. Haaß-Berkow war mit seiner Gruppe eingetroffen; er hatte seit kurzem in Gelsenkirchen die Direktion des Stadt-Theaters übernommen und damit die langjährigen Reisen in und außerhalb Deutschlands aufgegeben. Sein Name ist vor allem durch die Aufführung des Totentanz-Spieles bekannt geworden. Georg Kugelmann kam aus Rostock, hatte sich mit seiner Frau aus dem Engagement gelöst und mit einer Schar von jungen Leuten die »Neukünstlerischen Bühnenspiele« ins Leben gerufen: ein Wandertheater, das durch verschiedenfarbige Vorhänge mit einfachen Mitteln über eine schöne Stilbühne verfügte. Auch Max Gümbel-Seiling und seine Frau, Elya Maria Nevar, waren eingetroffen. Die Zuhörer zählten nach Hunderten, ein solches Interesse hatte die von Rudolf Steiner seit Weihnachten 1923/24 nun selbst durchgeführte Arbeit in Dornach erweckt. Auch eine Reihe von Sängern und Musikern hatte sich eingefunden. Frau Valborg Werbeck-Svärdström hatte eine eigene Gesangsschulung ausgearbeitet. Und alle Künstler, die in Dornach seit Jahr und Tag und fast sämtlich am ersten Goetheanumbau mitgearbeitet hatten, natürlich auch das Eurythmie-Ensemble.

Es war mit den vielen Gästen aus dem Ausland und den Schweizer Mitgliedern eine besondere Auslese, wie sie das

Leben zusammengefügt hatte. Frau Doktor – so wurde Marie Steiner stets angesprochen – saß an einem Tisch auf der Bühne. Das sogenannte Theoretische ging unmittelbar ins tätige Üben mit den Schauspielern über. Solch einen Sprachkurs hatte sie noch nie gehalten. Sie ging von der Ursprache aus, welche einmal über die ganze Welt verbreitet war und führte an das Wesen von Vokal und Konsonant heran, erläuterte den eigentlichen Sinn der Übung, bevor sie sie vorsprach. Laut, hell ertönend, vernehmlich im weiten Raum. Immer eine gewisse Musikalität mit der Übung verbindend. Nie gleichtönend; stets bewegt. Dazu rief sie einen nach dem anderen auf, die Übung nachzusprechen. Es gelang unterschiedlich. Einige hörten, wie ich, zum ersten Male diese genial gestalteten Sprachübungen, deren »Sinn« nicht im Verstandesmäßigen etwa, sondern im rein Lautlichen liegt. Zum Beispiel eine Artikulationsübung: *R*ate mi*r* meh*r*e*r*e *R*ätsel nu*r* *r*ichtig. Diese sieben r stehen verschiedenartig in der Übung: am Anfang, am Ende oder auch in der Mitte des Wortes, dann wieder am Wortbeginn und zum Schluß aus- und anlautend. Dadurch wird eine Beweglichkeit der Sprachwerkzeuge erzielt. Man kann das Methodische mit Fingerübungen im Klavierunterricht vergleichen, um alle Finger zur Fertigkeit zu bringen. Der Rhythmus als tragendes Element führt hinaus in die Luft, wo allein die Resonanz zu suchen ist. Für die Schauspieler galt es hier eine Klippe zu überwinden. Es war dieses Luftelement so deutlich zu spüren in allem, was Marie Steiner demonstrierte. Und doch vermochte der einzelne schwer die bisher gebrauchte Kopf - Nasen- oder Brustresonanz zu verlassen. Die neue Art der Gestaltung der Sprache hatte etwas Ungewohntes, und dementsprechend reagierten die Menschen auch. Wer vermochte sich selbst zu hören? Aber alles schien so einfach, so selbstverständlich, wenn man die Übung oder ein Gedicht hörte. Das ist kein Widerspruch zu dem oben Gesagten. Man spürte die eigene Unzulänglichkeit beim ersten Versuch. Es war wie eine Kluft, die man zu überbrücken hatte. Hier unser noch an die Organe gebundenes Sprechen; dort die frei und machtvoll im Raum gestaltete

Sprache. Wie Leben und Tod. Es waren starke Erlebnisse, und es hätte eigentlich nichts Besseres eingerichtet werden können, um diese übergroße Teilnehmerzahl auf Dr. Steiners Ausführungen vorzubereiten, als gerade dieser fünf Stunden umfassende Sprachkurs. Dann begann Rudolf Steiner am Freitag, dem 5. September 1924, mit dem ersten der schließlich neunzehn Kursstunden umfassenden Vorträge. Um den besonderen Charakter der von Grund auf veränderten neuen Form der Gesellschaft zu betonen, nahmen die fünf Vorstandsmitglieder, Marie Steiner, Ita Wegman, Lilian Vreede, Albert Steffen und Günther Wachsmuth, an allen Veranstaltungen teil. Sie hatten ihre festen Plätze nunmehr in der ersten Reihe. Marie Steiner, mit der Rudolf Steiner gemeinsam den Kurs gab, saß wieder auf der Bühne und rezitierte von dorther. Der Kurs war ja anfänglich für Schauspieler bestimmt. Dann hätte er einen anderen Duktus erhalten als später durch den Besuch von nahezu allen Teilnehmern an den Herbstveranstaltungen. Wie der Kurs ursprünglich gedacht war, geht schon aus einer Bemerkung hervor, die Rudolf Steiner in Stuttgart am Schluß der Lehrerkonferenz am 3. September machte. Es wurde nämlich gefragt, ob Eurythmielehrerinnen zum Dramatischen Kurs nach Dornach kommen sollen. Dr. Steiner antwortete: »Ich weiß nicht, warum eine Lehrerin der Eurythmie zu diesem Kurs über Sprachgestaltung gehen soll. Der Kurs ist eigentlich gedacht für Komödienspieler, für Schauspieler und wird auch in diesem Sinne gehalten werden. Eine Räson hat es nur – die einzige Räson wäre die, daß sie dramatische Begabung hat. [Die Eurythmielehrerin.] Bei der Lehrerschaft muß das einen Grund haben für die Schule. Der Kurs wird gehalten über Sprachgestaltung für die Bühne. Zweiter Teil Regiekunst und Bühnenkunst. Beziehungen der Bühne zum Publikum und zur Kritik. Er wird so gedacht, daß das Ideal darin steckt, daß sich aus diesem Kurs unmittelbar ergeben könnte die Bildung einer Schauspielertruppe, die im Sinne dieser Bühnenkunst ›Wandertruppe‹ würde und herumziehen würde«. Damals waren es vornehmlich drei Gruppen; Haaß-Berkow mit seinem Ensemble, die Neukünstlerischen

Bühnenspiele unter Leitung von Georg Kugelmann und die »Berliner Gruppe«, wie Frau Doktor meine Freunde und mich nannte. Aber der Wunsch nach Abhaltung eines Kurses ging von allen drei Gruppen aus, nur waren die Gesichtspunkte verschiedene. Und so beginnt Dr. Steiner, dem ja das alles bekannt war, seine Darstellungen sogleich mit dem Satz: »Dieser Kursus hat eine kleine Geschichte.« Dadurch schuf er eigentlich ein Einheitliches unmittelbar. Wir alle brauchten Jahre, um dieses Einheitliche, uns Verbindende zu erkennen. Noch schwerer war allerdings danach zu leben. Schon am dritten Tage hatte Haaß-Berkow alle Bühnenkünstler zu einer Zusammenkunft eingeladen. Und nach Ende des Kursus, um das vorauszunehmen, hatten wir alle am Nachmittag Dr. Steiner und Frau Doktor um ein Gespräch gebeten. Aber weder zu Beginn noch am Ende des uns so aufrüttelnden Kursus gelang es, eine in die Zukunft tragende Basis zu finden. Das Gute war, daß die Meinungsverschiedenheiten nicht in aggressiver Weise ausgesprochen wurden. Erst mit dem Tode Rudolf Steiners und dem Beginn einer systematischen Ausbildung eines Schauspielerensembles zur Darstellung der Vier Mysteriendramen Rudolf Steiners trat eine entscheidende Wendung ein. Ein zweites, eigentlich das grundlegende Moment, das dadurch ins Bewußtsein aller Beteiligten trat, lag im Folgenden. Als Rudolf Steiner in seinen einleitenden Ausführungen selbstverständlich auch auf die Entstehung der Eurythmie und ihre Entwicklung durch das Eingreifen und Mitarbeiten von Marie Steiner zu sprechen kam, beschrieb er diese Anfänge sehr anschaulich und schloß dann lapidar die folgenden Sätze an: »... denn es lag die Sache 1912, wo die Eurythmie entstand, so wie immer die Dinge liegen, wenn in der richtigen Art innerhalb der anthroposophischen Bewegung gearbeitet wird: man nimmt dasjenige, was Karma fordert, auf, und gibt so viel, als gerade die Gelegenheit dazu da ist. Das ist in der anthroposophischen Bewegung nicht anders möglich. In der anthroposophischen Bewegung hat man nicht eine Tendenz, Reformgedanken zu haben, man hat nicht die Tendenz, eine Idee in die Welt zu setzen, sondern man hat das Karma vor sich.« Der Charakter, den seit Weihnachten 1923 aber alles in sich trug, was Rudolf Steiner selbst vornahm, trat einem in dem hohen Ernst, auf den er immer wieder hinwies, entgegen, der besonders die Aufnahme in die erste Klasse der Hochschule und die Klassenstunden selbst begleitete. Noch am Nachmittag des ersten Tages nach seiner Ankunft aus Stuttgart fand für eine große Anzahl von Mitgliedern die Aufnahme in die Hochschule statt. Es war dazu notwendig gewesen, wenn man mindestens zwei Jahre Mitglied war, ein Aufnahmegesuch zu richten an Rudolf Steiner. Die Gesuchsteller waren in die Schreinerei bestellt, und dort rief Herr Dr. Wachsmuth die betreffenden Namen auf. Dann betrat man den Vorraum zum Atelier von Rudolf Steiner, wo er die Mitglieder erwartete. Er sagte zu mir, daß er mich auch aufnehmen würde und begründete dies. Ich gab ihm dankerfüllt die Hand. Gegenüber stand Frau Dr. Wegman. Unvergeßlich lebt in meiner Erinnerung die Ehrfurcht gebietende hoch aufgerichtete Gestalt Rudolf Steiners. So hatte ich ihn noch nie erlebt, und so trat er einem auch in den Vorträgen entgegen, die er für die Angehörigen der Hochschule hielt. Bereits am zweiten Abend fand die erste Stunde statt. Jeder Teilnehmer fühlte sich aufgerufen, dieses Erleben sich zum Bewußtsein zu bringen, so gut es ging. Und so hörte ich auch unter dem Eindruck des hier Beschriebenen die Ausführungen an, welche die Schauspieler empfingen. Ich hatte den Geist in irgendwelchen Höhen gesucht und wurde nun unsanft auf die Erde versetzt und konnte ihn realiter in der Sprache, im Laut entdecken. Tagtäglich durch Dr. Steiners Schilderungen, durch Frau Doktors Rezitation trat einem dieses Erlebnis entgegen und – verschwand nach dem Ende der Kursstunde. Von Tag zu Tag wurde man freier von dem Mitgebrachten. »Ich erblickte, daß in den Zuhörern es mächtig aufflammte und daß vieles Alte wieder verbrannte, daß aber aus der Asche ein ungeheures Freiheitsgefühl wie ein Phönix emporstieg.« Albert Steffen hat in Dankesworten nach Schluß des Kurses den Verwandlungsprozeß so beschrieben. Umlernen mußte man, von Grund auf, überall. Ein Stück Theatergeschichte ist in diesen Vorträgen gegeben, denn der Vortragende war selbst Theaterkritiker in Wien, Weimar und Berlin gewesen, hatte in Berlin Regie geführt, um der Bühne moderne Dramatiker wie Gunnar Heiberg oder Maurice Maeterlinck, die innerhalb der »Dramatischen Gesellschaft« aufgeführt wurden, nahezubringen. Vor allem aber schuf er repräsentativ für unser Jahrhundert Vier Mysteriendramen, welche in Form und Inhalt alles überragen, was sonst an dramatischer Kunst vorliegt. Christian Morgenstern schreibt an seinen Freund Friedrich Kayßler aus München im Sommer 1913 nach der Uraufführung des vierten Dramas: »Das Steinersche Mysterium ist kein *Spiel*, sondern es *spiegelt* geistige Welten und Wahrheiten *wider.*« Er meinte, es können »Hunderte von Jahren vergehen, bis die Menschen, die diese rein geistige Kultur wollen, so zahlreich geworden sind, daß etwa in jeder Stadt Mysterien solcher Art würdig geboten und empfangen werden können – aber hier in der *Pforte* (*Die Pforte der Einweihung. Ein Rosenkreuzermysterium*, das erste der *Vier Mysteriendramen*) ist ihr historischer Ausgangspunkt, hier wohnen wir ihrer Geburt bei«. Auch im September 1924 waren wir alle Zuhörer, Zuschauer eines ähnlichen Geschehens. Denn es war vor ein und einem halben Jahrhundert, daß auch ein führender Theaterkritiker und Dramatiker seiner Zeit sich über das Wesen der darstellenden Kunst auf der Bühne nach immer wieder vergeblichen Bemühungen, ihre Gesetze zu erkennen, nur so äußern konnte: »Wenn es von altersher eine solche Kunst gegeben hat, so haben wir sie nicht mehr; sie ist verloren; sie muß ganz von neuem wieder gefunden werden«. In seinem ›Dramatischen Kurs‹, wie er es Marie Steiner vom Krankenlager aus schrieb, hat Rudolf Steiner »ganz von neuem«, wie es *Lessing* am Ende der »Hamburgischen Dramaturgie« forderte, dasjenige gegeben, was wir uns »wie ein Vermächtnis der Mysterienzeit in bezug auf die Sprache in die Seele schreiben sollen ... So haben wir etwas wie ein Vermächtnis derjenigen Zeiten, in denen die Sprache noch Mysterieninhalt war.« Worte, die er am Ende des zweiten Vortrages, am 6. September 1924, aussprach, nachdem er den eben verlorengegangenen Zusammenhang zwischen Sprache, Gebärde und Sprachgestaltung vor dem voller Bewunderung staunenden Auditorium aufwies. Denn hier offenbarte sich, wie schon im Alltagsleben, in der Sprache unbewußt, die Gebärde lebt und wie aus einer neuen Mysterien-Erkenntnis sich eine geistgemäße Inszenierungskunst entwickeln läßt. Das bildete dann den Inhalt der folgenden Darstellungen bis in alle Einzelheiten, gipfelnd in zwei Meditationsformeln für die Regie des Trauerspiels und des Lustspiels. Was Lessing forderte, was durch Goethe in seiner Zusammenarbeit mit Schiller in Weimar weiter fortgebildet worden war, fand damals in Dornach seine Erfüllung. Niemand, der wach im Bewußtsein jene Stunden erlebte, wird vergessen können, was durch Rudolf Steiner ausgesprochen, in tagtäglicher Demonstration zur Anschauung gebracht wurde. Es war ein ideales Zusammenwirken zwischen Rudolf Steiner und Marie Steiner. Einen Höhepunkt erlangte die Arbeit, als Dr. Steiner »einige Illustrationen zur Sprachgestaltung« gab durch die Vorlesung der ersten Szene des Dramas *Danton und Robespierre* von Robert Hamerling. Da erlebten wir, wie einmal Schauspielkunst durch eine reine Sprachgestaltung werden könnte. Seine hohe Charakterisierungskunst löste unbeschreibliche Begeisterung aus. Da stand das Geschehen der Französischen Revolution durch ein paar Typen aus dem Volke, schon von Hamerling genial geschaffen, in lebhaften Farben durch die aus den Lauten hervorgehenden Seelengesten vor uns da. »Ich will nicht rezitieren, ich will nur interpretieren; rezitieren ist ja Frau Dr. Steiners Aufgabe bei diesen Vorträgen, aber ich will nur kolorieren, registrieren«, so erklärte er sein Tun. Es war viel mehr. Und wir hörten, wie die Möglichkeit besteht, die Laute in solcher Differenziertheit zu handhaben, daß dadurch das eigentliche Bühnenbild entsteht. Hier empfing auch dieser ganz ins Dekorative geratene Begriff eine neue Deutung. Auch das war absolut Neuland. Tags darauf begann die Stunde mit folgender Bemerkung. »Wir werden nun, um dasjenige, was in den letzten Betrachtungen gesagt worden ist, weiter zu erhärten, heute es zunächst zu tun haben mit dem Anhören einer durch Frau Dr. Steiner vorzubringenden Rezitation. Wir werden eine dramatische Szene hören, welche durch ihre eigene Gestaltung in einer besonderen Weise veranschaulichen kann, wie derjenige, der Bühnenkunst sucht, in die Sprachgestaltung hineinkommen kann.« Und nun folgte die Szene aus Lessings »Minna von Barnhelm«, in welcher Riccaut de la Marlinière auftritt. Jetzt kam eine besondere Stilisierung uns entgegen durch die Art, wie dieser Franzose die deutsche und seine Muttersprache behandelte. Eine große Heiterkeit breitete sich aus, wie überhaupt der Humor eine Rolle spielte in fast allen Vorträgen. Freilich liebte Rudolf Steiner es nicht, daß man über diese heitere Note den Ernst vergaß, aus dem heraus alles erfloß. Noch ein Erinnerungsbild prägte sich dem Gedächtnis ein. Rudolf Steiners Antlitz beim Anhören der Rezitation von Marie Steiner. Er hatte sich hingesetzt, stützte sein Haupt in seine linke Hand und lauschte. Zwei Vorlesungen möchte ich aber noch beschreiben. Einmal jene Szene aus der Fragment gebliebenen *Faust*-Dichtung Lessings, in der dem Faust ein Geist erscheint. »Ein Geist mit langem Barte steigt aus dem Boden auf, in einen Mantel gehüllt.« Dr. Steiner führt dieses Gespräch an, um den Übergang vom Epischen – er hatte die Eingangsverse von Herders *Cid* gesprochen – ins Geist-Dramatische zu charakterisieren. Es ist nur ein kurzes Zwiegespräch, das Lessing gedichtet hat. Faust fragt den Geist nach seiner Herkunft, nach seinem Namen. »Ich will dir zu helfen suchen. Wie hießest du?« ... Geist: »Ich hieß Aristoteles. Ja, so hieß ich. Wie ist mir?« – »Bis hierher brachte es Lessing zustande«, fügte Rudolf Steiner seinem Vortrag zu. Aber man erlebte mehr als nur ein sprachliches Beispiel, wenngleich ein vollendetes. Das war wesenhaft, wie hier der Name Aristoteles ausgesprochen wurde und den Raum erfüllte. Ein Ähnliches trat mir entgegen – und zwar nur bei dieser Rezitation, als Frau Dr. Steiner zur Vorbereitung zum eigentlichen poetischen Sprechen das Versmaß des Alexandriners anschaulich machte. Sie wählte den französischen Alexandriner, »weil in der französischen Sprache die

Alexandriner am besten vorhanden sind«. Sie fuhr fort: »Ich entnehme das Beispiel einer dramatischen Dichtung von Leconte de Lisle: *Hypathie et Cyrille*. Die junge gelehrte Vertreterin uralter Weisheit wurde, bevor sie von dem aufgehetzten Pöbel in den Straßen Alexandriens zerrissen wurde, von dem Bischof Kyrillus ermahnt, sich zu bekehren, um auf diese Weise dem gewaltsamen Tode zu entgehen. Doch sie weist hin auf die ewigen Streitigkeiten innerhalb der dogmatisch gewordenen und verrohten Kirche und bekennt sich zur alten esoterischen Weisheit.« Wiederum erhielt ich durch die Vortragsweise einen so nachhaltigen Eindruck, daß er sich bis heute erhalten hat. Ich kann diesen Dialog am besten mit der Wiedergabe der sogenannten Gartenszene aus *Maria Stuart* vergleichen, der Konfrontation der Stuart mit ihrer Gegnerin, der Königin Elisabeth von England. Es war meisterhaft. Das Wesenhafte, welches zu dem künstlerischen Eindruck hinzukam, stellte sich jedoch nur bei der oben skizzierten Szene zwischen Hypathia und Kyrillus ein. Der Ausruf zuletzt von Hypathia: »Je vais être immortelle« – hat sich unvergeßbar dem Inneren eingeprägt. So gab es gewiß für jeden Augenblicke, die einen stark erschütterten. Und als gar gegen Ende des Kursus, als man schon die Tage zu zählen begann, die noch vor einem lagen, Dr. Steiner eine Reihe von weiteren Vorträgen ankündigte, erhob sich ein nicht enden wollender Jubel. Der Zyklus war für 15 Tage angezeigt, es kamen noch vier Stunden hinzu. Als wir so lebhaft in die Hände klatschten, hob Dr. Steiner seinen Kneifer, den er an einer Schnur trug, und blickte erstaunt rund herum, wie wenn er sich diesen Beifall überhaupt nicht erklären könnte. Und so begann der Jubel noch einmal. – Ja, man kann diese Tage, die überreich an Erlebtem waren, schwer in Worten wiedergeben. Dann aber sprach Dr. Steiner selbst am Ende aus, worauf es ihm angekommen war. »Und so darf vielleicht in den spärlichen Anregungen, die ich in dieser Zeit geben konnte, eine Art Impuls gesehen werden, um aus dem unkünstlerischen Naturalismus in eine wirkliche, stilvoll auftretende geistige Bühnenkunst hinüberzuführen. Das ist dasjenige, meine lieben Freunde, was mir vorgeschwebt hat und was ich natürlich erst erfüllt sehen könnte als dasjenige, was diese Vorträge wollten, wenn es mir nun von der Bühne durch diejenigen, welche mich verstanden haben, entgegentreten wird.«

Während des Kurses, am 17. September, hatte Dr. Steiner die Kugelmann-Truppe aufgefordert, ihre Aufführung von Goethes *Iphigenie*, welche sie im Juni in Breslau anläßlich der ›Landwirtschaftlichen Tagung‹ in Koberwitz gegeben hatte, zu wiederholen. Er war mit der Vorstellung, durch die Kugelmann versuchte, Anregungen aus dem Kurs vom Sommer 1922 zu verwirklichen, zufrieden. Es war diese Aufführung auch ein Grund für Dr. Steiner, um den vorgesehenen ›Dramatischen Kurs‹ abzuhalten. Wie die oben zitierten Worte zeigen, aber wie es überhaupt ein Prinzip war, an Vorhandenes, wenn es nur aus neuen Kräften herauskam, anzuknüpfen. Mir war es damals noch nicht möglich, die Aufführung so beurteilen zu können. Zu stark lebten noch frühere Maßstäbe in mir. Erst als bald darauf *Gyges und sein Ring*, die großartige Tragödie von Friedrich Hebbel, von dem gleichen Ensemble zur Darstellung gebracht wurde, fand ich einen Zugang zu ihrer Wiedergabe. Da freilich stand ich schon inmitten einer strengen Schulung. Der letzte Vortrag des ›Dramatischen Kurses‹ fiel auf einen Dienstag. Am Abend war noch ein Mitgliedervortrag, eine Karma-Betrachtung, und am Mittwochmorgen fand ein Vortrag für die Arbeiter statt. Dann gönnte sich Rudolf Steiner etwas Ruhe. Am Freitag gingen wir am Abend zur Schreinerei herauf, da es üblich war, daß Freitag- und Sonntag-Abend Vorträge waren; wenn möglich auch an den Samstagabenden. Doch als wir zum Eingangstor kamen, sahen wir schon zahlreiche Mitglieder draußen stehen. Sie lasen einen Anschlag, daß Dr. Steiner erkrankt war und der Vortrag nicht stattfinden konnte. Eine allgemeine Bestürzung griff um sich. Auch meine Freunde und ich waren wie vor den Kopf geschlagen. So gingen wir wieder heim. Allmählich sprach es sich herum, daß sich schon während der Weihnachtstagung die ersten Anzeichen einer Erkrankung bei Dr. Steiner gezeigt hätten. Offenbar eine allgemeine Erschöpfung infolge der zu starken Inanspruchnahme. Die niedergeschlagene Stimmung wich auch nicht am Samstag, an dem der vorgesehene Vortrag ebenfalls ausfiel. Erst am Sonntag verbreitete sich die Nachricht, Dr. Steiner würde am Abend zu den Mitgliedern sprechen. Es war der Vorabend zum Michaeli-Tag, der 28. September. Der Schreinerei-Saal war bis auf den letzten Platz besetzt. Als Dr. Steiner im Saal erschien, erhoben sich alle. Langsamen Schrittes betrat er das Vortragspodium. Dann begann er. Man merkte ihm an, wie mühevoll es für ihn war, diese Ansprache zu halten, aber mehr und mehr verlor sich dieser Eindruck. Es war ähnlich wie während manchen Vortrages während des Kurses, wo er auch aus einer völligen Erschöpfung heraus begann, aber dann immer stärker vom Feuer des Geistes ergriffen und getragen wurde. So auch an diesem Abend, nur daß alles sich stiller abspielte. Es war auch im Saal nicht das leiseste Geräusch zu hören; alle lauschten wie atemlos gebannt dem Flug dieser Gedanken. Rudolf Steiner schilderte die Geistwege der Individualität, welche in Raffael, später in Novalis sich verkörpert hatte. Er knüpfte damit an schon vor Jahren gegebene Forschungsergebnisse an. Nur daß diesmal die Erlebnisse in den Sternenwelten geschildert wurden, in dem Gang durch die Planetensphären. Der Zuhörer fühlte sich weit über sich herausgehoben. Dann unterbrach er die machtvolle Darstellung, gab zum Ausdruck, daß es ihm nur möglich war, bis zu diesem Punkt die Schilderung zu bringen und fügte hinzu, ein wie starkes Bedürfnis es ihm gewesen war, sich »aufzuraffen, um die Michael-Weihestimmung für den kommenden Tag, den Michaeli-Tag, 29. September, mit den versammelten Freunden vorzubereiten«. Er schloß mit einem mantrischen Spruch, der Michael-Imagination, welche in ein aufrüttelndes Mahnwort an seine Schüler ausklang. Vorher hatte er noch auf die Notwendigkeit hingewiesen, daß sich ein Kreis von verantwortlichen Mitgliedern bilden sollte zur Verwirklichung der Aufgaben, welche die Gegenwart durch die Anthroposophie stellt. Dann verließ er das Podium und wandte sich dem Ausgang zu. Wiederum erhoben sich alle – ihm in sichtbarer

Erschütterung ob des Erlebten nachblickend. Es war zum letzten Male, daß er zu der Mitgliedschaft hatte sprechen können. Am Michaeli-Tag fand keine Veranstaltung statt. Es stand alles im Zeichen der Abreise des Eurythmie-Ensembles mit Marie Steiner, das bereits am 1. Oktober in Stuttgart ein Gastspiel gab und bis Mitte November unterwegs war. Frau Doktor hatte für den 29. September vormittags eine Zusammenkunft aller Schauspieler angesetzt. Haaß-Berkow war mit seiner Gruppe noch anwesend, reiste dann nach Gelsenkirchen zum Beginn der Winterspielzeit. Georg Kugelmann war mit seiner Truppe auch noch da; er hatte seine nächsten Gastspiele in Süddeutschland eingerichtet. Meine Freunde und ich wußten nicht, was werden würde. Frau Doktor hatte den Aufenthalt der drei Schauspielergruppen nicht bis zu einem bestimmten Tag begrenzt. Der Kursus endete an einem Dienstag; Mittwoch war keine Vorstellung, aber schon an der Donnerstagabend-Vorstellung der Eurythmie hatte Rudolf Steiner nicht teilnehmen können. Dann kamen die Absagen der Vorträge – Freitag und Samstag. Am Sonntag gab die Eurythmie wieder eine Aufführung, und am Abend fand die geschilderte Ansprache von Rudolf Steiner statt, die »letzte Ansprache«, wie sie später geannt wurde. So war eine gewisse Spannung im Saal, als Frau Doktor erschien. Ich erinnere mich nicht mehr an den genauen Verlauf. Aber schon bald erwähnte sie die Abreise der beiden Schauspielergruppen von Haaß-Berkow und Kugelmann, um zu unserem Erstaunen hinzuzufügen: »Nun, und unsere Berliner, die ja durch keine Verpflichtungen gebunden sind, werden noch einige Zeit hier bleiben, um mit dem Studium zu beginnen.« Wir konnten es kaum glauben und blickten uns dementsprechend an. Nachdem sich die anderen Schauspieler von ihr verabschiedet hatten, behielt sie uns noch etwas zurück. Sie sagte, sie habe Rudolf Steiner den Vorschlag eines Arbeitsbeginnes gemacht und auch schon einen Namen für diese kleine Gruppe gefunden, nämlich »Thespiskarren«. »Thespis«, so fügte sie hinzu, »war der erste, welcher das Drama aus dem Mysterium in die Welt brachte, und wir wollen versuchen, es wieder in das

Mysterium zurückzubringen.« Dr. Steiner wäre ganz einverstanden gewesen. Wir dürften hier in unseren Zimmern weiter wohnen bleiben und könnten uns selbst verpflegen. Sie hätte mit Dr. Steiner einen Betrag von Fr. 2.– pro Person und pro Tag festgesetzt, und wir könnten unser Verpflegungsgeld und eine Summe zur Anschaffung von Eß- und Kochgeschirr und was sonst noch nötig war, bei Frau Bergengrün, der Kassiererin des »Vereins Eurythmeum«, die im Hause Friedwart wohne, abholen. Fräulein Zaiser, die nun auch zum Thespiskarren gehöre, würde uns täglich Sprechunterricht geben, und ebenfalls hätten wir täglich Eurythmie. Frau Kisseleff würde uns das Nötige sagen. Das war am Michaelitag 1924. Am Tag darauf reiste sie mit den Eurythmistinnen ab, und unser Unterricht begann. So unerwartet, so überraschend hat sich alles vollzogen.

Als Marie Steiner nach 17 Jahren die zweite Auflage des ›Dramatischen Kurses‹ herausgab, schloß sie ihr Vorwort mit folgenden Worten, in denen man die Idee wiedererkennen kann, die sie zu dem Namen »Thespiskarren« inspirierte. »Um zu verstehen, was uns mit diesem Kursus über Sprachgestaltung und dramatische Kunst gegeben ist, müssen wir auf die hinter dem Sinnenschein verborgene konkrete Weltengeistigkeit eingehen können. Und sollen wir in die Praxis überführen, was uns hier geboten wird, müssen wir diesen Weltengehalt erleben. Da dürfen uns Vorurteile und ein dem Geiste aus Furcht entgegengebrachter Haß nicht die Wege verrammeln. Erhalten wir uns die Sicht frei, dann werden wir die Laute als göttliche Lehrmeister erleben können, und den Atem als in uns wirkende, seelisch aktive Weltensubstanz. Sie sind Material und Werkzeug des Sprachkünstlers. Durch sie fühlt er sich im Geiste verankert und kann dessen Wege des Eintauchens in die Materie und in den Geschichtsverlauf verfolgen. Er sieht das Drama in urferner Vergangenheit aus dem Mysterium aufsteigen, er sieht es die Menschenseelen bilden, erfüllen, aufrütteln und läutern – dann sich in den Niederungen der Zivilisation verlieren ... er erkennt, seelisch erstarkt und durch die Gaben und Errungenschaften langer kultureller Entwicklungsepochen in seinem Ich erwacht, daß es seine Aufgabe ist, es wieder dem Mysterium zurückzuführen. Dazu weisen ihm die verborgenen, dem Bewußtsein sich allmählich enthüllenden Tiefen der Sprache die Wege.«

II

Der Verlust sei Gewinn für sich

Rudolf Steiner
Zwölf Stimmungen

Die Anfänge der neuen Arbeit

Es setzte nun nach der Abreise von Marie Steiner mit der Eurythmie-Truppe eine intensive regelmäßige Arbeit ein. Vormittags hatten wir Sprachgestaltungsstunden bei Gertrud Zaiser, am Nachmittag Eurythmie-Unterricht bei Friedel Simons. Dann mußten wir uns mit dem *Tasso* beschäftigen. Frau Langheinz und Käte Hacker kamen für die Leonore Sanvitale und die Prinzessin in Betracht; Hausmann hatte den Antonio und ich den Tasso zu üben; für den Herzog war Max Gümbel-Seiling in Aussicht genommen. Dann bat mich die Eurythmistin, Rie Brower, ihr den *Harfenspieler* von Goethe zu rezitieren, und zu meiner großen Freude wurde ich aufgefordert, für die von Tatiana Kisseleff geleitete Eurythmie-Gruppe die »Weltseele« von Goethe zu sprechen. Das war für den Anfang ein ganz schönes Pensum. Am Montag, dem 17. November 1924, unmittelbar nach ihrer Rückkehr nahm Marie Steiner die Probe ab. Ich hatte enormes Lampenfieber, denn ich wußte ja, was für Anforderungen gerade das Sprechen zur Eurythmie verlangt. Ich überließ mich diesen Rhythmen und versuchte, mit der Sprache den Formen der Eurythmistinnen zu folgen. Frau Doktor unterbrach nicht, stellte fest, daß die Rezitation die Eurythmie trug. Schon am nächsten Vormittag begann nun der Unterricht bei ihr. Sie brachte mir zwei Bände der ›Gesammelten Gedichte‹ von Otto Rennefeld und stellte die Aufgabe, gemeinsam mit Fräulein Zaiser ein Programm auszuarbeiten. Am 7. Dezember hatte ich dann den »Harfenspieler« zu sprechen. Und von nun an habe ich Schritt für Schritt meinen Weg gerade durch das Sprechen zur Eurythmie gefunden. Mir war unbewußt Leitmotiv, was Marie Steiner als Ausgangspunkt in einem ihrer Arbeitsbücher formulierte: »Nur wenn man hören lernt, kann man sprechen lernen. Die beste Schulung für den Anfänger ist, nachzusprechen, was ihm gut vorgesprochen wird. In den guten alten Schulen ließ man zunächst nur nachmachen. Es ist die einzig richtige Methode beim Sprechen: das Nachmachen, das Hörenlernen. Man muß da durch und findet dann das Eigene.« Schöner und wahrer läßt sich nicht beschreiben, was nun Inhalt der Schulung war. So haben wir begonnen, so hat Frau Dr. Steiner jedem von uns vorgesprochen. Nicht in pedantischer Weise soll man sich das vorstellen, aber zum Beispiel die Leseproben zur Einstudierung der Mysterien-Dramen von Rudolf Steiner führte sie so durch. Wer von uns hätte denn von sich aus die Möglichkeit gehabt, diese Gestaltungen zu finden? Es war und bleibt der einzig sichere Weg, wenn es auch Jahre oder Jahrzehnte dauert, bis man das »Eigene« findet. Die Rennefeld-Rezitation konnte am 16. Dezember stattfinden und wurde bei der Weihnachts-Tagung 1924 wiederholt. Die Programm-Ankündigung durch Rudolf Steiner folgt hier. Es geht aus ihr hervor, daß unsere Arbeit zunächst in Dornach selbst eine Fortsetzung finden sollte, wenn die dazu nötigen finanziellen Mittel vorhanden wären. Vorderhand waren wir ja die Gäste von Frau Steiner.

GOETHEANUM

Freie Hochschule für Geisteswissenschaft

Section für redende und musikalische Künste

am

Dienstag, 16. Dezember 8 Uhr abends

wird eine Recitations- und musikalische Darbietung stattfinden.

Recitatorisch werden auftreten Gertrud *Zaiser* und Edwin *Froböse*

(Teilnehmer an den Kursen für Sprachgestaltung).

Zur Recitation kommen Gedichte von Rennefeld.

Musikalisches werden darbieten: Stuten, Schuurman, Lewerenz, Metaxa.

Da in den von Frau Marie Steiner geleiteten Sprachgestaltungskursen von einzelnen Zöglingen sehr gute Fortschritte gemacht werden, ist es wünschenswert, daß diese so lange als möglich hier am Goetheanum studieren. Um ihnen die Mittel, die sie brauchen, bieten zu können, muß bei den Darbietungen eine Sammlung veranstaltet werden.

Für die Section für redende und musikalische Künste:

Marie Steiner

Dr. I. Wegman — Dr. Rudolf Steiner

Dr. Steiners Gesundheitszustand hatte sich nicht gebessert; er mußte die für Berlin angekündigten Vorträge absagen. So hatte sich die Lage von Grund auf verändert. Auf meinem Kalender hatte ich mir zwar für den 28. November notiert: *Tasso*-Monolog, erinnere mich auch an die Stunde bei Frau Doktor, aber zu einer Aufführung kam es nicht. Dagegen erhielt ich eine zweite Aufgabe und hatte einen Kurt-Piper-Abend auszuarbeiten, der noch am 30. Dezember stattfand. Es war auch sehr schön, daß die in Dornach lebenden Musiker sich bereit fanden, bei den Vortragsabenden mitzuwirken, aufgefordert von Rudolf Steiner. Erst allmählich wurde klar, daß durch die Erkrankung von Rudolf Steiner eine veränderte Situation für die gesamte Arbeit am Goetheanum eingetreten war. Zuweilen hatte ich meinen Unterricht unmittelbar nach dem täglichen regelmäßigen Besuch von Marie Steiner im Atelier von Rudolf Steiner, wohin er sich sofort nach der Abreise von Marie Steiner Anfang Oktober begeben hatte. Da konnte ich an Miene und Gebärde von ihr erleben, wie ernst die Erkrankung war. Man kann die Phasen der Krankheit durch den veröffentlichten Briefwechsel zwischen Rudolf Steiner und Marie Steiner verfolgen. – Wir hatten auch gemeinsam Unterricht von Frau Doktor, und so wuchs langsam die Arbeit. Im »Thespiskarren« waren wir nicht mehr die ursprünglichen Sieben, sondern es gesellten sich zu uns noch zwei Schweizerinnen: Irma Pünter, eine Cellistin, die aber Schauspielerin werden wollte, und ihre Freundin, Helen Bosshard, eine Geigerin, ausgebildet in Eurythmie wie Irma Pünter, die für die Eurythmie nun Violine spielte. Mein Amt war, regelmäßig die zur Verfügung stehenden Summen mit Frau Bergengrün vom Verein »Eurythmeum« abzurechnen. Um gut zu wirtschaften, hatte ich allwöchentlich eine Besprechung eingeführt, bei der unser Speisezettel für jeden Tag festgelegt wurde. Das war nicht immer leicht, um mit der Summe auszukommen und doch Abwechslung in den Mahlzeiten zu haben. Wir hatten uns zudem noch vorgenommen, von Woche zu Woche am Sonntag einen Gast einzuladen. Wir wollten einigen Menschen damit eine Freude machen und unsere Dankbarkeit bezeugen. Mich bedrückte natürlich der Umstand, so vieles entgegennehmen zu müssen, ohne dafür etwas leisten zu können. So kam mir der Gedanke, wenigstens in Versform meinen Dank zum Ausdruck zu bringen. Ich schrieb denn ein Gedicht mit der Überschrift: Den Führenden. Mir stand Rudolf Steiner lebhaft vor der Seele, wie er bei der Weihnachtstagung mit dem von ihm gebildeten Vorstand diese ungeheure Arbeit und Last auf sich genommen hatte, alles selbst zu besorgen und zu leiten. An ihn und seine Mitarbeiter waren die Verse gerichtet.

Ich legte den Umschlag mit dem Gedicht auf das Tischchen, das im Saal vor dem Platz von Frau Doktor stand. Schon am nächsten Tage rief sie mich nach der Probe zu sich, sagte mir, sie hätte sich über das Gedicht gefreut und es Dr. Steiner gegeben. Das hatte ich nicht erwartet. Dr. Steiner, so fuhr sie fort, frage, ob ich noch andere Gedichte hätte. Dann möge ich sie zurechtmachen und ihr geben. Dr. Steiner möchte sie lesen. Nach zwei Tagen rief mich Marie Steiner wieder nach der Probe zu sich und sagte, daß Dr. Steiner sich nach meinen Gedichten erkundigt hätte. Ich entschuldigte mich und brachte ihr am Nachmittag das Gewünschte. Von diesem Tage an durfte ich Dr. Steiner bis in seine letzte Lebenszeit meine lyrischen Versuche zeigen. Er hat auch Albert Steffen auf diese aufmerksam gemacht. Ende des Jahres erschien im *›Goetheanum‹* ein Gedicht und zugleich ein Aufsatz »Der neue Weg«, in welchem ich die ersten Eindrücke versuchte wiederzugeben, welche der »Dramatische Kurs« auf mich gemacht hatte.

Kurt Piper hatte nach unserem Gespräch im Sommer 1923

in der Wochenschrift *›Anthroposophie‹* einige meiner Gedichte abgedruckt. Ich hatte ja früh begonnen, Verse und Prosastücke zu schreiben, aber durch die Arbeit in Dornach nahm dieses eine bewußte Form an. Die Begegnung mit der Welt der Anthroposophie in Dornach war eine so starke, daß unwillkürlich dieses Erleben sich durch die Gedichte einen ihm adäquaten Ausdruck suchte. Es waren fast immer reimlose Gedichte, durch eine innere Form bedingt. – Mitten hinein in die Arbeit kam noch am 20. November ein Telegramm aus Zürich: Könnten Sie Sonntag 23. Heilige Johanna in Rolle mit wichtiger Szene aushelfen? Proben Freitag, Samstag. Rückdrahtet. Grüße Wenzler. – Es war mir wesentlich, daß man an mich gedacht hatte, obwohl ich mein Reengagement gelöst hatte und in Dornach lebte. Ich hatte am Freitag und Samstag Proben, hätte aber auch ohne diese Verpflichtung nicht zusagen können. Kurze Zeit darauf fuhr ich mit einigen Bekannten zur Uraufführung von Albert Steffens Drama *Viergetier* nach Zürich. Ich konnte nicht von der Aufführung befriedigt sein, nachdem ich erlebt hatte, welche Möglichkeiten eine Darstellung aus den reinen Sprachkräften in sich birgt. Ich schrieb eine dementsprechende Kritik und schickte sie an Dr. Steiner. Er bestimmte sie für das englische Nachrichtenblatt. Ich glaube nicht, daß sie erschienen ist. Ich hob die Bedeutung des Dramas hervor, konnte aber eben die Aufführung nicht loben.

In einem Briefe vom 16. Januar 1925 teilte ich meiner Mutter mit, daß die Arbeit am *Tasso* beendet wurde und rühmte die Stunden, welche Frau Steiner gab; sie wären von »unerhörter Schönheit«. Auch ihr schauspielerisches Vermögen beschreibe ich, um klarzumachen, was wir hier von Tag zu Tag erleben. »Wir studieren augenblicklich *Odyssee, Nibelungenlied* von Wilhelm Jordan und Goethes *Achilleïs*. Die epische Epoche hatte begonnen. Ende Januar erfuhr ich dann, daß im Programm der nächsten Eurythmie-Tournee im ersten Teil die Ariel-Szene aufgeführt würde. Ich sollte nun den *Faust*-Monolog übernehmen. Das war für mich ein einschneidendes Erlebnis, denn nun konnte ich durch einige Wochen unter der Leitung von Marie Steiner an den Versen arbeiten, um der großartigen Gestaltung besser gerecht zu werden. Inzwischen hatte ich auch eine neue Aufgabe für einen dritten Rezitationsabend erhalten. Es war von dem Priester der Christengemeinschaft in Freiburg im Breisgau, Dr. Friedrich Doldinger, ein Gedichtband ›Erda–Maria‹ erschienen, der seine Sammlung Frau Dr. Steiner geschickt hatte. Es war auch da ein neuer Stil zu finden. Der Abend fand, wieder angekündigt von Rudolf Steiner, am 17. Februar statt. »Rezitatorisch werden auftreten Edwin Froböse und Käthe Hacker und andere Teilnehmer am Kurs für Sprachgestaltung.« Zwei Tage vorher, am Sonntag, wurde das erste Reiseprogramm mit der *Ariel*-Szene aufgeführt. Das alles war nur durch die intensive Arbeit möglich, die Marie Steiner mit den Eurythmistinnen und nun auch mit uns Sprechern durchführte. Sie beflügelte uns alle. Käthe Hacker hatte auch mit dem Sprechen zur Eurythmie hoffnungsvoll begonnen. Am 24. Februar reisten wir nach Berlin ab, wo am 2. März im Lessing-Theater die Aufführung mit der *Faust*-Szene stattfand. Es war ein merkwürdiger Augenblick, als ich zur Probe ins Theater fuhr, wohin ich meinen Vater vor zwölf Jahren oft begleiten durfte. Es wurde mir auch seine Garderobe zum Ankleiden zugeteilt. – Bevor ich in der Beschreibung weiterfahre, möchte ich an dieser Stelle einige Sätze zitieren, welche in einem Briefe, der um die Jahreswende 1924/25 aus unserem Kreis geschrieben wurde, stehen. »Uns geht es hier so gut – wir leben eigentlich wie im Märchen – ich hatte nicht geglaubt, daß es so etwas Schönes auf dieser Welt gibt. Unsere Kunst macht große Fortschritte. Das Arbeiten – so Schritt für Schritt ins Neue hinein – ist ein unerhörtes Erlebnis. Ich glaube bestimmt, daß es bald und große Früchte tragen wird. Hier in dieser reinen Luft kann nur Großes und Schönes gedeihen, und es ist für uns alle, die wir hier sein dürfen, eine große Gnade des Schicksals, für die wir täglich dankbar sein müssen.«

In raschem Tempo hatte sich alles entwickelt. Die Reise führte uns von Berlin nach Danzig. Dann ging es wieder zurück nach Berlin und von dort nach Nürnberg, wo wir im Stadt-Theater Fürth aufführten. Von dort nach Stuttgart mit einer Aufführung in der Waldorf-Schule am Sonntag und Montag; anschließend Heidenheim, Karlsruhe und Mannheim. In Stuttgart wurden wir noch von der Waldorf-Schule aufgefordert, für die Schüler am 23. März unser Programm mit der *Ariel*-Szene zu geben. Am Sonntag, dem 29. März, fand ein Kurt-Piper-Abend statt. In der Woche probten die Eurythmistinnen für die Aufführungen während der pädagogischen Tagung, die anfangs April stattfinden sollte. Unvergeßlich ein Besuch während der Reise mit Marie Steiner und Fräulein Clason, ihrer Begleiterin, im Kloster Maulbronn. Dann sahen wir im Deutschen Theater in Berlin *Die Heilige Johanna* von Shaw mit Elisabeth Bergner, die von einer befreundeten Schauspielerin vorgeschlagen war, die Christine in Steffens *Viergetier* zu spielen. In Stuttgart erlebten wir noch eine *Iphigenie*-Vorstellung mit Elli Reicher in der Titelrolle und Friedrich Christian Kayßler, dem Sohn von Friedrich Kayßler, als Orest. Damals schrieb man erst 1925! Aber die Richtung, in der die Bühnenkunst sich bewegte, war deutlich sichtbar. Vor unserer Abreise konnten wir dagegen noch am Sonntag, dem 25. Januar, in Dornach eine Aufführung von *Gyges und sein Ring* von Friedrich Hebbel erleben, gespielt von dem Kugelmann-Ensemble. Margarete Kugelmann als Rhodope, Werner Teichert als Gyges und Georg Kugelmann als Kandaules. Ich hatte jetzt ein stärkeres Verhältnis zu dieser Aufführung als zur *Iphigenie*. Die Schauspielgruppe hatte nach dem Dramatischen Kurs noch eine Reihe von Gastspielen zu absolvieren gehabt und kam dann nach Dornach zurück. Die meisten der Spieler blieben auf Einladung von Marie Steiner zum weiteren Studium in Dornach. In Berlin hatte ich am 27. Februar, dem Geburtstag von Rudolf Steiner, vor der Eurythmie-Aufführung für Mitglieder im Blauen Saal der Potsdamer Straße das für diesen Tag verfaßte Gedicht von Albert Steffen *O herrlicher Tag, Tag des Dankes* zu rezitieren. Eine Kraftquelle waren auf der Reise die Sprechübungen von Rudolf Steiner. In ihnen besitzt der Sprachschüler und der ausgebildete Rezitator oder Schauspieler ein hervorragendes Rüstzeug. Noch heute, nach mehr als fünfzigjährigem Studium lebt in diesen Übungen ihre ursprüngliche Kraft unvermindert. Auch diese sind Ergebnisse der geisteswissenschaftlichen Forschungsmethode Rudolf Steiners! Sie haben ihren Nährboden in der Anthroposophie. Durch sie gelangt man allmählich immer mehr zu einer lebendigen Anschauung von dem, was Rudolf Steiner den Sprachorganismus nannte. Dieser hat zwar in den Sprechwerkzeugen seine hervorragendsten Organe, erstreckt sich aber über den ganzen Menschen. Lippen, Zähne, Zunge und Gaumen haben eben nicht allein rein physiologische Funktionen, sondern sind vielmehr die Ansatzstellen für das künstlerische Sprechen, wie es sich stilgemäß in Lyrik (Lippen), Epik (Gaumen) und Dramatik (Zunge) gliedert. Der Zahnansatz für alles, was von der Fabel angefangen bis zur Satire und Humoreske sich erstreckt, nimmt ein reiches Feld ein auf dem Boden der drei genannten Stilarten. Hier berühren wir auch das Problem der Stimmstellung, wie Rudolf Steiner es nannte. Es bedeutete eine Befreiung von einer erdrückenden Last: der Augenblick, in welchem einem klar wurde, daß »Artikulation« nur eine Stufe auf dem Wege der künstlerischen Gestaltung der Sprache ist, ein Anfang zwar, aber fern von jeder mechanisierten Stimmbildung. Goethe hat das wie kein zweiter durchlebt und in seinen »Sprüchen in Prosa« so ausgesprochen: »Das Tier wird durch seine Organe belehrt; der Mensch belehrt die seinigen und beherrscht sie.« Damit ist genau der Punkt bezeichnet, der uns auf die schöpferischen Kräfte im Menschen hinweist – jedwedem Geschöpf gegenüber. Und mit vollem Bedacht betonte Rudolf Steiner daher, als er bei der Eröffnung der Freien Waldorfschule diese Sprechübungen den Lehrern zum eigenen Üben und zum Üben mit den Kindern übergab: »Frau Steiner wird diese Sätze *kunstgerecht* vorsprechen und ich bitte die einzelnen Teilnehmer die Sätze dann nachzusprechen.« – Wir haben in dem Buch ›Methodik und Wesen der Sprachgestaltung‹ auch Korrekturen von Rudolf Steiner zu solchem Nachsprechen veröffentlicht, weil diese Schulung eine weittragende Bedeutung hat. Man lese nach, wie differenziert diese Bemerkungen sind und worauf sie hinzielen. Es ist auch ein Trugschluß, wenn man meint, für die Anfangsgründe könnte man, um sie weiterzugeben, jegliche Lehrkraft einsetzen. Nur erfahrene Lehrer sollten sich dieser schweren Aufgabe unterziehen. Das muß ausgesprochen werden, weil die Meinung verbreitet ist, man könne ohne eine gestellte Stimme jegliche Rezitation oder Deklamation ausführen. Was im Musikstudium eine Unmöglichkeit ist, frühzeitig die notwendigen Vorstudien zu beenden, finden auf dem Gebiet der Sprachgestaltung dauernd statt. Verfügte ich auch nicht in der frühen Arbeitsperiode über irgendwelche Erfahrungen, so versuchte ich doch, nach allen Seiten hin die Grundlagen der Ausbildung zu vertiefen und zu erweitern. Das lag an der Art und Weise, wie einem diese Sprachübungen durch Marie Steiner kunstgerecht gesprochen gegenübertraten. Gerade wenn man zu den Pionieren gehört, die neue Wege zu beschreiten hatten, fühlt man die Verpflichtung, auf die Gesetze dieser Disziplin hinzuweisen. Auf der Reise bestand die Fortsetzung des Studiums darin, daß ich bei der Generalprobe die am Abend von Marie Steiner rezitierten Gedichte zu lesen hatte und von ihr Korrekturen erhielt. Für die Eurythmistinnen war das nicht leicht, doch konnten sie dadurch für die eurythmische Wiedergabe manches aufgreifen und bewußtseinsmäßig durchdringen, während sie sonst sich ganz von Frau Doktors Rezitation tragen ließen und es sich nicht immer klarmachten, worin das Großartige lag, was ihnen durch Marie Steiners Kunst entgegenkam. Wer konnte ahnen, ein wie jähes Ende diese Wochen nehmen sollten. Am Schluß nach dem Piper-Abend am 29. März sagte mir Marie Steiner noch, daß die Rezitation gut durchgetragen war. Für den Montag-Vormittag, 30. März, war als Fortsetzung des Studiums der *Planetentanz* von Rudolf Steiner in Aussicht genommen. So war es stets: das Lob erschien in Gestalt einer neuen Aufgabe, durch die es galt, eine weitere Stufe zu erklimmen. Als ich am Tag darauf in die Landhausstraße 70 kam, öffnete mir Frau Reebstein die Tür, und ich erfuhr, daß Frau Doktor nach Dornach abgereist war, da sich der Gesundheitszustand von Rudolf Steiner verschlechtert habe. Ich erhielt noch einen Brief von ihr. So ging ich wieder fort, es war kurz nach ½11 Uhr. Da begegnete mir eine der Eurythmistinnen, Tränen in den Augen. Ich hörte, daß Rudolf Steiner heute am Morgen verschieden sei. Wie betäubt ging ich weiter. Ich hatte den Auftrag erhalten, in Stuttgart zu bleiben, um die Rezitation für die Eurythmie während der pädagogischen Tagung zu übernehmen. Aber bald darauf erreichte mich ein Telegramm, um nach Dornach zu kommen. Am nächsten Morgen, ein Tag nach seinem Tode, wurde ich von Marie Steiner in das Atelier von Rudolf Steiner gerufen. Sie führte mich in den Sterberaum, wo Rudolf Steiner so ruhte, wie er hinübergegangen war. Ich hatte noch nie an einem Sterbelager gestanden. Es war der erste Tote, den ich sah. Ich wagte kaum zu atmen, denn ich hatte den Eindruck, Rudolf Steiner läge in einem tiefen Schlaf. So still war alles um ihn, noch lebenerfüllt schien das erhabene Antlitz. Die geliebten Züge. Die Hände hielt er gefaltet über der Brust. Die braune Wollweste, die er trug, verstärkte den Eindruck, als sei er nach der gewohnten Morgenarbeit nur eingeschlafen. Frau Doktor mag wohl mein Empfinden in dieser Weise gespürt haben, denn ihre Worte, die sie mir sagte, drückten etwas Ähnliches aus. Angesichts der von ihm gemeißelten Statue des Menschheitsrepräsentanten, der gewaltigen Holzskulptur, die ihm zu Häupten stand, erhielt der Augenblick etwas über die Zeit Hinausgehendes. Dann verließ ich den Raum. Das war am 31. März 1925 bald nach 10 Uhr. Als ich nachts gemeinsam mit Alexander Pozzo noch im Atelier Totenwache hatte, war Rudolf Steiner schon feierlich aufgebahrt inmitten einer Überfülle von Blumen und Kränzen, das Rosenkreuz auf der Brust tragend. Da war der Eindruck ein völlig anderer. Da lag der Körper in seiner Erhabenheit, aber verlassen vom Leben, verlassen von Seele und Geist. Wohl um ihn die ganze Größe der Erscheinung, aber nicht mehr so unmittelbar anwesend wie noch in der Morgenstunde. Die Überführung am Tag darauf in den Schreinerei-Saal, wo nun der Sarg auf der in ein Blumenmeer verwandelten Bühne stand. Die Feier am gleichen Abend noch und die Aussegnungshandlung am nächsten Abend durch Dr. Friedrich Rittelmeyer, den Erzoberlenker der Christengemeinschaft. Früh um 10 Uhr am 3. April, der in geisteswissenschaftlichem Sinn als Todestag Christi angesehen wird, die Feierstunde im Krematorium in Basel: Eindrücke, die sich unvergessen der Seele einprägten. Hunderte, Aberhunderte von Menschen, die aus aller Welt herbeigeeilt waren, um Abschied von ihrem Lehrer zu nehmen. Ein Zeitabschnitt von unübersehbarer Tragweite. Noch am 3. April mußte ich wieder nach Stuttgart reisen, um an Stelle von Marie Steiner die Rezitation zu übernehmen. Es wurde in dem einen Programm auch das Gedicht *Eleusis* von Hegel eurythmisiert, jene Hymne an Hölderlin, eine der letzten Formen, welche Rudolf Steiner noch auf seinem Krankenlager für die eurythmische Kunst geschaffen hatte. Am 7. April, in der Karwoche, kehrte ich nach Dornach zurück.

Schon am Abend nach meiner Ankunft hatte ich eine Probe für die Eurythmie-Aufführung am Ostersonntag und dann täglich Proben, meist mit Frau Doktor, um die neuen Texte zu bewältigen. Durch den Tod von Rudolf Steiner hatte sich die ganze Arbeit grundlegend verändert. Da Frau Doktor bei den öffentlichen Aufführungen nicht mehr rezitierte, hatte ich eine Aufgabe zu übernehmen, der ich noch nicht gewachsen war. Durch das Erleben dieser Zeit wuchs man über sich hinaus. In Dornach war nun all und jedes auf den Wiederaufbau des Goetheanums gerichtet. Das Modell für den Betonbau hatte Rudolf Steiner noch geschaffen. Schwere Probleme galt es für die Architekten zu lösen. Der Wille, dieses Vermächtnis Rudolf Steiners zu verwirklichen, beseelte die Mitgliedschaft, und jeder brachte den ihm möglichen Einsatz. Für Frau Dr. Steiner türmten sich die ihr zugefallenen Aufgaben und Pflichten auf. Oblag es ihr doch allein, den künstlerischen und literarischen Nachlaß zu verwalten; dazu kam die Leitung des von ihr 1908 begründeten Philosophisch-Anthroposophischen Verlages, der noch an der Jahreswende 1923/24 von Berlin nach Dornach in ein eigens für diesen von Rudolf Steiner entworfenes Verlagshaus auf dem Goetheanum-Gelände übersiedelt war. Als Mitglied des Vorstandes am Goetheanum trug sie ein schweres Amt, sah sie allein von den fünf Vorstandsmitgliedern auf eine mehr als 20 Jahre währende engste Mitarbeit an der Seite von Rudolf Steiner beim Aufbau der Anthroposophischen Gesellschaft von allem Anfang an zurück. So muß ihr vor der Seele die Frage gestanden haben: wie läßt sich nun die eurythmische Arbeit, die Weltgeltung erlangt hatte, weiterführen und was muß erarbeitet werden, damit die Mysterien-Dramen aufgeführt werden können, sobald das Goetheanum die Pforten öffnen wird? – Und so findet bereits am Samstag nach Ostern, 18. April, der erste Rezitationsabend für die Mitgliedschaft statt. Sie beginnt aus den Mysterien-Dramen fünf Szenen vorzutragen. Am 26. April und am 2. Mai wird diese Arbeit fortgesetzt, in Verbindung mit musikalischen Darbietungen. Bis in den Sommer wird sie die Arbeit fortführen. Damit erhält die Goetheanum-Arbeit einen neuen Einschlag. Freitagabends und sonntagabends werden von nun an Vorträge von Rudolf Steiner vorgelesen; der Samstagabend steht der von Marie Steiner geleiteten Sektion zur Verfügung. Was von außen richtunggebend der gemeinsamen Arbeit das Ziel gesetzt hatte, wies von innen her auf die Kräfte, die es neu zu erobern galt, um ins Bewußtsein treten zu können. Ein harter Weg, der unerhörte Kräfte von Marie Steiner forderte, denn wir alle, die wir schon anwesend waren, die immer mehr von den verschiedensten Seiten dazukamen, brachten vielleicht Talent mit, mußten aber die Gewohnheiten lassen, verloren das bisher Gekonnte und standen immer wieder vor dem Nichts. Auch hier der Nullpunkt, der sich aber als fruchtbar erwies. Allmählich erfühlte man ein neues Wachstum in sich. Dann geht es von Jahr zu Jahr voran. Nur so kann man die Lage beschreiben. Der zu zahlende Preis ist nicht zu hoch, schaut man zurück auf das, was man mitbrachte und auf das, was wurde, was wuchs und weiterhin als tragendes Leben fortwirkte.

Diese ersten Rezitationsabende nach Rudolf Steiners Tod waren für uns Schüler wie für alle Zuhörer ein großes Erlebnis. Zwar hatte eine kleine Anzahl der Mitglieder noch den Münchner Aufführungen (1910–1913) beiwohnen können;

aber für den größten Teil war es etwas völlig Neues, was sich darbot. Von Mal zu Mal gewann im Anhören Gestalt, was inhaltlich so ungewohnt zunächst im gedruckten Text dem Leser gegenübertritt. Der gewaltige Monolog des Johannes Thomasius; *Die Pforte der Einweihung* zweites Bild, »Oh, Mensch erkenne Dich!« leitete die Rezitation ein. Dann folgten die Szenen aus dem vierten Bild, beginnend mit den eindrucksvollen Worten von Luzifer und Ahriman, ihre Weltenaufgabe charakterisierend. So lebten sich allmählich die Zuhörer in diese Gestaltungen ein, lernten auch unterscheiden im Sprachstil zwischen den Vorgängen, die in den höheren Welten oder auf dem physischen Plane spielen. Oft mußte ich später denken, was hätte entstehen können, wenn Künstler für die Bühnengestaltung und die Bühnenmusik gleich uns mit ihren Studien so begonnen hätten. Das gilt auch für die Mitglieder insofern, als sich durch ein solches Studium, das heißt Hineinhören in die Sprachformen das Bewußtsein für ein Beurteilen der Leistungen hätte heranbilden können. Waren aber einstmals die Mysterien an bestimmte Lokalitäten gebunden und dadurch auch an die dem Lande und der Sitte entsprechenden Stämmen, so strömten in Dornach aus allen Himmelsrichtungen die Menschen zusammen, welche als Zuschauer die neue Kunst der Eurythmie und Sprachgestaltung erlebten, als Schüler sich schlußendlich zum Goetheanum-Bühnenensemble vereinigten. Solche Lebensverhältnisse für eine Mysterienkunst hatte es bisher noch nicht gegeben. In aller Stille ergriff Marie Steiner das ihr vom Schicksal Entgegenkommende und führte die karmisch vorbestimmte Schar schrittweise auf den neuen Weg. Äußerlich läßt sich der Aufbau der Arbeit schwer beschreiben, was tatsächlich geschah. Das erklärt auch, daß die von Marie Steiner geschaffenen Sprach-Formen bis in die Gegenwart ihre Kraft behielten! Was ich mir im Einzelunterricht durch Marie Steiner erarbeitete, mußte dann in den Proben sich bewähren. Und so waren die Eurythmie-Generalproben von Woche zu Woche, an denen alle Sprecher und zahlreiche Künstler teilnahmen, der Schauplatz, an dem das Neue sich Bahn brach. Durch die

Rezitation zur Eurythmie konnte ich mir die Grundlagen allmählich erobern, welche auch für die dramatische Darstellung ein über alle Klippen hinwegtragendes Element bildeten. Von Anfang an hatte ich Frau Doktor gebeten, bei den Korrekturen mir alles zu sagen. Ich trat ihr als *Schüler* gegenüber, nicht als Schauspieler oder als Künstler. Das ist das Verhältnis eines Mitgliedes der ersten Klasse der »Freien Hochschule für Geisteswissenschaft« zu der entsprechenden Sektion, innerhalb welcher man tätig ist. Rudolf Steiner hat das paradigmatisch folgendermaßen formuliert: »Die Sektionen werden errichtet, damit die Leitung [der Hochschule] in jeder einzelnen Klasse – vorgesehen waren von Rudolf Steiner ursprünglich drei Klassen, von denen er aber nur die erste hat einrichten können – den besonderen Bestrebungen der Mitglieder dieser Klassen entgegenkommen kann. Man wird also nicht Mitglied irgendeiner Sektion, sondern einer Klasse.« Das war meine Leitlinie. Und noch etwas hatte auf mich Eindruck gemacht, sich mir eingeprägt. Es waren Rudolf Steiners Worte, daß es sich um einen »freien ideell-spirituellen Vertrag« handelt, der zwischen ihm, der Leitung der Hochschule, und dem von ihm aufgenommenen Schüler geschlossen wird. Ich erblickte in diesen Richtlinien etwas Vorbildliches, in die Zukunft Führendes. Dieses freie Vertragsverhältnis konnte den tragenden sozialen Boden bilden, auf dem für den Menschen in der Gegenwart etwas gedeihen kann. Die Freiheit im eigentlichen Sinne ist gewährleistet, wenn man die Arbeit in einer solchen Weise einrichtet. Für den Wissenschaftler oder für den Künstler entstehen dadurch neue Arbeitsformen, und die überholte Form eines Spezialistentums kann in neuer Weise entstehen. Viele Auseinandersetzungen, Konflikte, die es auch im Laufe der Zeit gab, hätten vermieden werden können, hätten in anderer Art gelöst werden können, wenn gerade für die erwähnten Richtlinien von Rudolf Steiner sich Organe gebildet hätten. Und so lebte in mir die Gewißheit, daß die künstlerische Schulung nur auf dem Boden der Anthroposophie möglich sein würde.

Inmitten dieses Studiums trat noch eine andere Aufgabe an mich heran. Am 22. April hatte ich meine erste Unterrichtsstunde zu geben. Sie fand in der Villa Hansi, im Hause, wo Marie Steiner wohnte, statt. Das war ein neues Feld, und es zeigte sich die Fruchtbarkeit des genossenen Unterrichts, war man doch nun veranlaßt, das Erarbeitete anderen Menschen zu vermitteln. Frau Doktor hat wohl einiges von meinen Bemühungen vernommen in dem nicht sehr schalldicht gebauten Hause, denn einmal erwähnte sie, wie ich immer in einer neuen Weise versuchte, den Zugang zu der Sprachgestaltung zu zeigen.

Das war mir ein Trost in gewissem Sinne. Aber bald darauf kam der Tag, welcher in gewisser Weise in meinem Leben eine grundlegende Veränderung bewirken sollte. Ich hatte am 27. Mai Unterricht bei Frau Doktor, wurde aber dann am gleichen Tage noch einmal um 6 Uhr zu ihr in die Villa Hansi gerufen. Sie erschien mit ihrer Aktenmappe, in der sie sonst ihre Unterrichtsbücher mit sich trug, und legte sie vor sich auf den Tisch. Dann begann das Gespräch unmittelbar mit der Frage: »Wollen Sie meine Sorgen mit mir teilen, Froböse?« Ich blickte sie überrascht, erstaunt an, und so erklärte sie mir, wie die Frage gemeint war. Sie wußte, daß ich vor meiner Bühnenlaufbahn kaufmännisch tätig war, und knüpfte daran an. Es bedurfte nicht vieler Worte, um zu begreifen, welch eine Arbeitslast von ihr tagtäglich zu bewältigen war. Es war auch gerade kurze Zeit vorher von ihrer Sektion durch sie die folgende Ankündigung veröffentlicht worden, die ich kannte:

Mitteilungen
der Sektion für redende und musikalische Künste
(10. Mai 1925)

Für diejenigen Schauspieler, welche an Frau Dr. Steiner die Bitte um Abhaltung eines Kurses für Schauspieler gerichtet haben oder noch richten möchten, wird ein solcher Sprachausbildungskurs in den Monaten Juli und August in Dornach stattfinden. Anmeldungen für diesen Kursus bitten wir bis 1. Juni hierher zu richten.

Für die Sektion für redende und musikalische Künste:
Marie Steiner

Ich begriff, daß ich ihr von nun an in manchem zur Hand gehen sollte, kam allmählich ins Bild, sagte ja, und fügte hinzu, daß sie jederzeit über mich verfügen könne. Ich hatte ja in vielem eine Vorstellung davon, wie für sie der Tag verlief, und so schien mir dies eine Selbstverständlichkeit zu sein. »Sie werden aber viel warten müssen, Froböse«, fügte sie hinzu, »ich habe auch viel warten müssen!« Dann schüttete sie den Inhalt ihrer Mappe auf den Tisch. Es war ein Berg von Briefen: Anmeldungen zu dem Sprachausbildungskurs. Das war die erste Arbeit, das Einrichten der Kurse. Bald darauf folgte eine zweite Ankündigung.

Der in No. 19 (10. Mai) des Mitteilungsblattes angekündigte Sprachausbildungskursus für Schauspieler wird am Montag, dem 6. Juli, beginnen. Außerdem finden gleichzeitig statt:

A. Ein Kurs für »Nichtberufsschauspieler« vom 9. Juli bis 30. Juli.
B. Ein Kurs für »Nichtberufsschauspieler« vom 3. August bis 26. August.
C. Ein Fortsetzungskurs für »Nichtberufsschauspieler« vom 3. August bis 26. August.

Es sind für die Teilnahme an den Kursen – der von Marie Steiner geleitete (Doppel)-Kurs für Schauspieler unterliegt nicht direkt dieser Bestimmung – zu entrichten je Fr. 25.–
Für die Sektion für redende und musikalische Künste:
Marie Steiner

Am Schluß der Unterredung erwähnte Frau Doktor noch eine Erika-Reiseschreibmaschine, die Rudolf Steiner geschenkt bekommen hatte und die er kaum benutzt hätte. Ich könnte sie morgen abholen. So habe ich diese Arbeit zunächst allein und später mit tatkräftiger Unterstützung von Herrn Kurt Sterk bis zum 3. Mai 1949 ausgeführt. Zwischenhinein halfen mir eine Zeitlang zwei Schauspielerinnen, aber erst Kurt Sterk gab der sich rasch entwickelnden administrativen Tätigkeit durch seine buchhalterischen Fähigkeiten die Form, die es mir dann wieder ermöglichte, meinen künstlerischen und pädagogischen Aufgaben nachzukommen. Doch damit bin ich der Zeit weit vorausgeeilt.

Es begann nun neben der Sprachausbildung ein – ich muß ihn so nennen – einzigartiger Unterricht in der Bewältigung all der praktischen Aufgaben, die mit dem reichen Leben innerhalb der Sektion verbunden waren. Schon beim Durchsehen der Kursanmeldungen fing es an, indem vielfältige, vielseitige Bemerkungen ein Licht auf die eine oder andere Briefstelle warfen. Später erweiterte sich das selbstverständlich durch den veränderten Charakter der Schreiben. Aber so erhielt ich vor allem Einblick in das Leben der Anthroposophischen Gesellschaft, die ja von Zweig zu Zweig zielbewußt durch Marie Steiners Arbeit aufgebaut worden war. Ich bewunderte ihr Organisationstalent, vor allem, wie sie die Reisen erst für Rudolf Steiner, später für die Eurythmie eingerichtet hatte, und mußte von Grund auf umdenken lernen. Das war kein leichter Prozeß, und vor allem mußte von Marie Steiner Geduld aufgebracht werden, ehe ich mich in alles einleben konnte. Etwas muß ich von allem Anfang noch hervorheben. Das war die Bedeutung, welche jedem einzelnen Menschen, unabhängig von seiner Stellung in der Gesellschaft beigemessen wurde. Das war eine Schulung seltenster Art; und dieser Unterricht endete erst mit dem letzten Gespräch in Beatenberg vor ihrem Tode. Ich lernte durch das Leben, aus dem Leben die Bedeutung der Individualität schätzen, lernte kennen, was hier oder dort, oftmals kaum von der Umgebung bemerkt, durch den Einsatz dieses oder jenes Menschen entstand. Aber auch die andere Seite mußte ich allmählich erkennen lernen: die Beurteilung, die Wertschätzung von Vorgängen, die nicht immer mit dem übereinstimmt, was nach außen hin in

Erscheinung trat – im positiven, aber auch im negativen Sinne. Wie ein roter Faden zog sich durch alle diese Unterweisungen das Wort Rudolf Steiners. Will man verstehen, wie Marie Steiner handelte, geht man nicht fehl, wenn man sich stets vor Augen hält, daß sie in seinem Sinne handelte. Die strengen, weil aus seiner Überschau der Dinge und ihrer Zusammenhänge erfließenden Richtlinien Rudolf Steiners waren ihr in Fleisch und Blut übergegangen. Wie oft rief sie solche Mahnworte von Rudolf Steiner einem in die Erinnerung, zeichnete Situationen in klaren Linien, durch viele Einzelheiten sie beleuchtend, um in einem selbst neue Urteilsgrundlagen zu erwecken, die dem Alltäglichen erst dann voll gerecht wurden. Das nahm stets Zeit; rasch, im gewöhnlichen Tempo, wurde nichts entschieden. Weder im Kleinen noch im Großen. Wie oft mußte ein wichtiger Brief umgeschrieben werden, wurde am nächsten Tage eine andere Entscheidung aus neu errungenen Gründen getroffen. Auch ein von ihr später oft für den Sprech-Chor in schönster Weise Zusammengestelltes mußte dann eine völlig andere Gestalt annehmen, wenn sich in der Probe zeigte, daß die neue Stufe noch nicht erreicht war. »Warten wir noch ein Jahr!« So einmal bei einem Novalis-Programm. Und tatsächlich, nach einem Jahr, als von uns niemand mehr daran dachte, erinnerte sie an den ersten Versuch, der wirklich in der Stille gereift war. Ein Beispiel für vieles, um auf die Kräfte hinzuweisen, aus denen heraus die Arbeit erfloß. Aber zurück zum Sommer 1925.

Meine neue Tätigkeit brachte es mit sich, daß ich eine für Wien vorgesehene Reise nicht absolvieren konnte, und so fuhr Käthe Hacker als Rezitatorin mit Marie Savitch und Emica Senft dorthin. Dagegen fand am 10. Juni in St. Gallen ein Eurythmie-Gastspiel mit der *Ariel*-Szene statt, wo ich wieder als Faust und als Rezitator mitwirkte. Am 24. Mai und am 2. Juni wurde durch die Eurythmie die kosmische Dichtung von Rudolf Steiner *Zwölf Stimmungen* aufgeführt; hier übernahm Käthe Hacker den ersten und ich den zweiten Teil des zwölfstrophigen Gedichtes. Im gleichen Programm eurythmisierte Annemarie Donath ein sehr schönes Gedicht, das sie selbst beim Tode von Rudolf Steiner verfaßt hatte; ich rezitierte es ihr, und Marie Steiner hatte ihr ein Gedicht von mir gegeben, das sie auch eurythmisierte. Beide erschienen im »Goetheanum«.

Zu den für die Sommermonate Juli und August angezeigten Sprachausbildungskursen kündigte bald darauf Marie Steiner auch ähnliche Kurse für die Eurythmie an:

Um einem von verschiedenen Seiten geäußerten Bedürfnis nachzukommen, werden in den Monaten Juli und August parallel zu den Sprachausbildungskursen stattfinden: je ein dreiwöchentlicher Eurythmie-Kursus und für die Eurythmie-Lehrerinnen: eine Gruppenarbeit im Monat August. Die an diesen Kursen interessierten Persönlichkeiten werden gebeten, sich umgehend anzumelden bei Frau T. Kisseleff, Dornach, am Goetheanum.
Es sind für die Teilnahme an den Kursen Fr. 25.– zu entrichten.

Für die Sektion für redende und musikalische Künste:
Marie Steiner

Die Anmeldungen kamen von allen Seiten. In den Beginn dieser Ferienkurse schob sich noch zeitlich die Sommertagung der Christengemeinschaft in München vom 9.–13. Juli in der Tonhalle. Frau Dr. Steiner hatte für Sonntag, den 12. Juli eine Eurythmie-Aufführung der Dornacher Eurythmie-Gruppe zugesagt und am gleichen Tage nachmittags eine künstlerische Darbietung: Rezitation und Musik. Das Programm enthielt Dichtungen und eine Komposition von Dr. Friedrich Doldinger, der zu Beginn der Tagung über »Elias, der Prophet« sprach. Die leitenden Persönlichkeiten: der Bewegung für religiöse Erneuerung waren anwesend, Dr. Friedrich Rittelmeyer, Lic. Emil Bock und Dr. Rudolf Frieling, um nur einige zu nennen. Ich hatte von Rudolf Steiner den *Planetentanz* und *Das Märchen vom Quellenwunder* zu rezitieren, vier Gedichte aus *Wegzehrung*

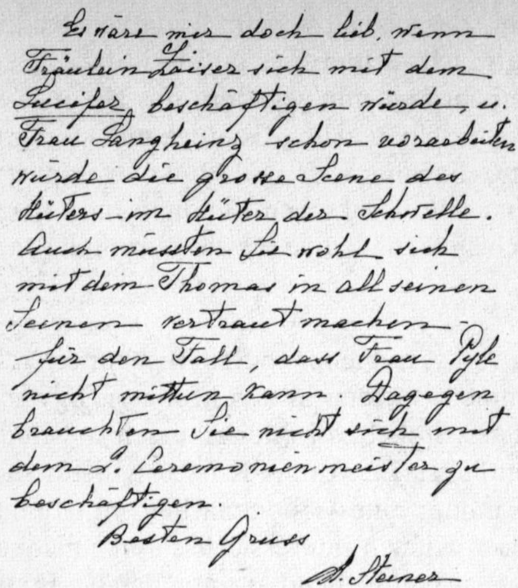
Es wäre mir doch lieb, wenn
Fräulein Loiser sich mit dem
Lucifer beschäftigen würde, u.
Frau Langheinz schon vorarbeiten
würde die grosse Scene des
Hüters im Hüter der Schwelle.
Auch müssten Sie wohl sich
mit dem Thomas in all seinen
Scenen vertraut machen –
für den Fall, dass Frau Pyle
nicht mitthun kann. Dagegen
brauchten Sie nicht sich mit
dem 2. Ceremonienmeister zu
beschäftigen.
Besten Gruss
M. Steiner

von Albert Steffen und das neunte Bild aus dem ersten *Mysterien*-Drama von Rudolf Steiner *Die Pforte der Einweihung*. Zwischen der Rezitation Kompositionen von Jan Stuten, Max Schuurman und Wilhelm Lewerenz. Die Rezitation natürlich wieder von Frau Doktor durchgearbeitet und dann das Ganze als Programm zusammengestellt. Die Texte waren aus der Arbeit der vorangegangenen Monate erwachsen. Die verschiedenen Stoffe wurden von ihr auch mit den übrigen Teilnehmern der Schauspielgruppe durchgearbeitet. Wie die Arbeit von Tag zu Tag verlief, veranschaulichen die Faksimiles der Briefe, die ich von Marie Steiner erhielt, um die Arbeit und die Proben einrichten zu können.
Solche Schreiben ersparten Marie Steiner bei ihrem Arbeitstempo Zeit. Später mußte ich manchmal noch spät am Abend die dringendsten Fragen im Brief formulieren und bekam dann am Morgen die Antworten am Rande des Schreibens vermerkt. Frau Pyle, Mieta Waller, hatte in München den Johannes Thomasius dargestellt; im zweiten *Mysterien-Drama* tritt er in den mittelalterlichen Bildern als Bergwerksmeister Thomas auf. Max Gümbel-Seiling war in-

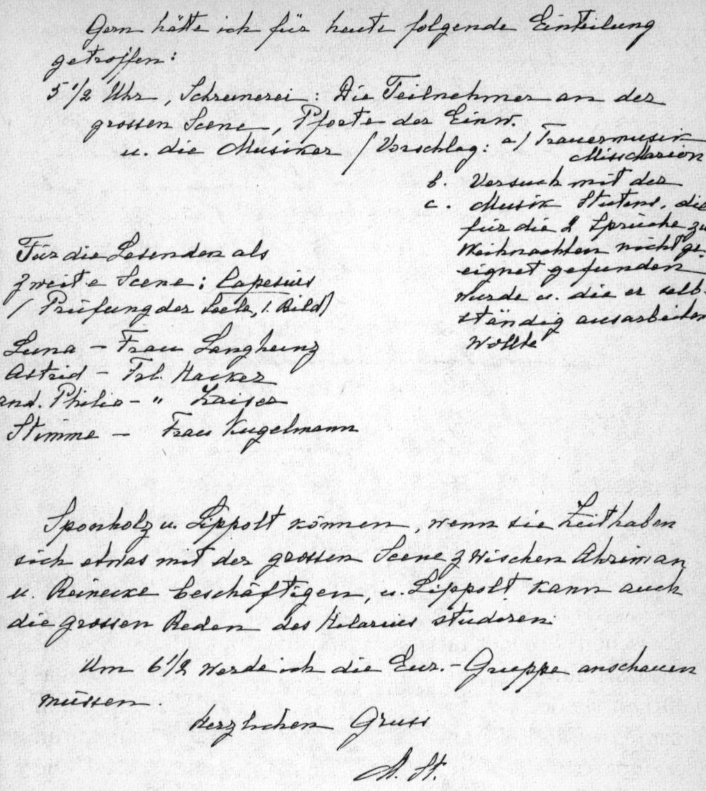
Gern hätte ich für heute folgende Einteilung getroffen:
5 1/2 Uhr, Schreinerei: Die Teilnehmer an der grossen Scene, Pforte der Einw.
u. die Musiker (Vorschlag: a) Trauermusik Miss Clarion
b. Versuch mit der
c. Musik Stutens, die für die 2. Sprüche zu Weihnachten nicht geeignet gefunden wurde u. die er selbständig ausarbeiten wollte)

Für die Lesenden als zweite Scene: Capesius (Prüfung der Seele, 1. Bild)
Luna – Frau Langheinz
Astrid – Frl. Hacker
and. Philia – " Kaiser
Stimme – Frau Kugelmann

Sponholz u. Lippolt können, wenn sie Zeit haben sich etwas mit der grossen Scene zwischen Ahriman u. Reinecke beschäftigen, u. Lippolt kann auch die grossen Reden des Hilarius studieren.

Um 6 1/2 werde ich die Eur.-Gruppe anschauen müssen.

Herzlichen Gruss

M. St.

zwischen auch mit seiner Frau, Elya Maria Nevar, nach Dornach gekommen und hatte die Rolle des Strader, den er auch in München gespielt hatte, übernommen. Es war damals noch nicht entschieden, für welche Rolle ich endgültig in Betracht kam; ich übte Capesius im 5. Bild des dritten Dramas, *Der Hüter der Schwelle*, aber auch den Johannes. Ein wesentlicher Gesichtspunkt für Marie Steiner war, die einzelnen in verschiedenen Rollen kennenzulernen. Das gewährleistet, wenn man rein künstlerisch vorgeht, daß sich allmählich ein Wachstum einstellt, durch welches aus der Arbeit heraus sich zeigt, wo die Begabungen liegen. Auch in

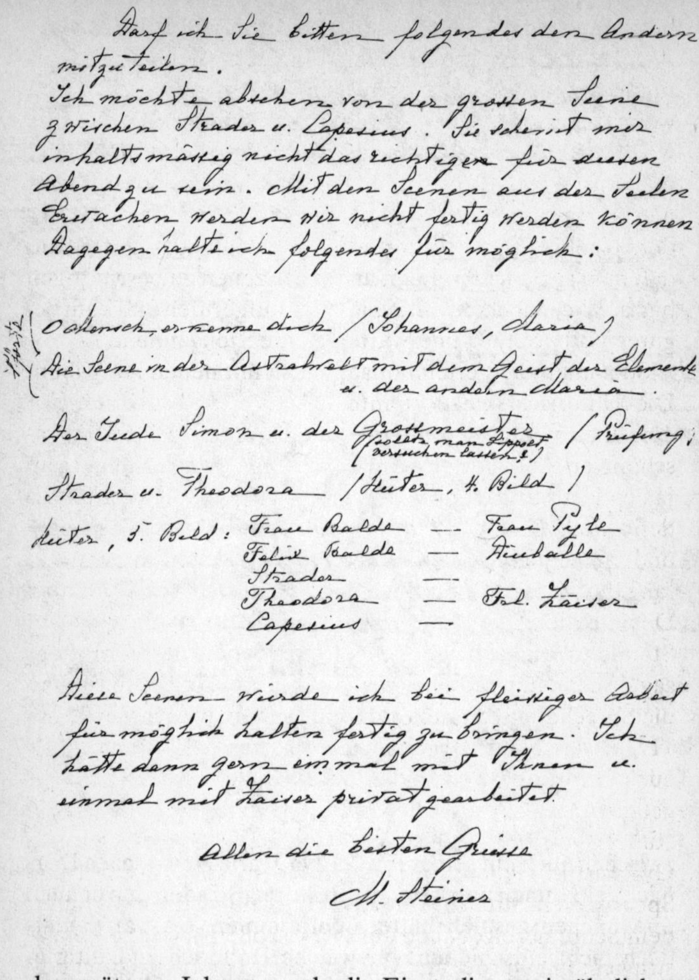

Darf ich Sie bitten folgendes den Andern mitzuteilen.

Ich möchte absehen von der grossen Scene zwischen Strader u. Capesius. Sie scheint mir inhaltsmässig nicht das richtige für diesen Abend zu sein. Mit den Scenen aus der Seelen Erwachen werden wir nicht fertig werden können. Dagegen halte ich folgendes für möglich:

1. Pforte
O Mensch, erkenne dich (Johannes, Maria)
Die Scene in der Astralwelt mit dem Geist der Elemente u. der andern Maria.

Der Jude Simon u. der Grossmeister (sollte man Lippert versuchen lassen?) (Prüfung;

Strader u. Theodora (Hüter, 4. Bild)

Hüter, 5. Bild: Frau Balde — Frau Pyle
Felix Balde — [illegible]
Strader —
Theodora — Frl. Kaiser
Capesius —

Diese Scenen würde ich bei fleissiger Arbeit für möglich halten fertig zu bringen. Ich hätte dann gern einmal mit Ihnen u. einmal mit Kaiser privat gearbeitet.

Allen die besten Grüsse
M. Steiner

den späteren Jahren wurde die Einstudierung in ähnlicher Art vorgenommen: Szene um Szene entstand so. War ein Akt fertig, wurde er an einem Samstag-Abend nichtöffentlich aufgeführt. Das dauerte zunächst länger, als man es gewohnt war, aber dann lebte auch in allen Darstellern durch diese Art der Einstudierung das Ganze und hatte sich dem Sprachorganismus einverleibt. Kein sogenannter Betrieb bestimmte den Ablauf unserer Arbeit. Ich habe für diese Art der Inszenierung nur den Ausdruck »Wort-Regie« gefunden, denn es stellte sich dann fast wie von selbst ein, wann dieser oder jener Gang auf der Bühne nötig war, von wo der Auftritt zu erfolgen hatte und ähnliches. Das muß man *tun, erfahren* haben, um den Wert einer solchen Inszenierung ermessen zu können. Wenn auch der eine oder andere Name nicht aufgeführt war, so bedeutet das nicht etwa, daß man sich nicht mit den anderen Szenen zu beschäftigen hatte. Wie mancher wurde plötzlich aufgerufen und kam bei guter Vorbereitung unerwartet in eine Szene hinein.

So kamen die Ferienmonate heran mit neuen Aufgaben. Die Unterrichtskurse konnten durch die Fortschritte der einzelnen von diesen übernommen werden. Eine Überraschung erlebte ich gleich am ersten Tage. Marie Steiner gab ja den Hauptkurs für die Berufsschauspieler. Sie begann mit den durch Rudolf Steiner geschaffenen Sprach-Übungen und stellte das Kapitel »Stimmstellung« somit an den Anfang der Arbeit. Dann folgten Beispiele der Rezitation und Deklamation. Sie lernte dadurch auch die Teilnehmer von Stunde zu Stunde besser kennen. Am Schluß des Vormittags sagte sie: »Nun, morgen wird dann Herr Froböse mit Ihnen die Sprechübungen weiter durcharbeiten und ich werde um 11 Uhr das heute Begonnene fortsetzen.« Es war damals auch Graf Bothmer von der Waldorfschule in Stuttgart eingeladen, um mit uns allen die im Dramatischen Kurs von Rudolf Steiner angegebenen fünf Übungen der griechischen Gymnastik, Gehen, Springen, Ringen, Diskuswerfen und Speerwerfen durchzunehmen. Das spielte sich jeweils hinter dem Schreinereigebäude auf einer großen Wiese, die Palästra genannt wurde, ab. Marie Steiner hat im Nachrichtenblatt, der Beilage zur Wochenschrift *›Das Goetheanum‹*, in einem Bericht festgehalten, was damals in Dornach vor sich ging. Es gibt dem Leser am besten ein Bild von diesen Sommerwochen. Ihm schließt sich organisch ein zweiter Aufsatz an schon aus der Winterzeit, der von dem Fortgang der Arbeit in Dornach und auf der Reise berichtet. Als Rezitatoren begleiteten Käthe Hacker und ich die Eurythmie. Es war ein

Wagnis, die kosmische Dichtung *Zwölf Stimmungen* zum ersten Male außerhalb Dornachs aufzuführen. Aber es zeigte sich gerade durch diesen Versuch, daß die aus der Anthroposophie hervorgegangenen Schöpfungen den stärksten Widerhall fanden, sogar in Holland, wo man das vielleicht nicht erwartet hätte.

Bericht
Marie Steiner

Nur mit innerem Widerstreben entschließe ich mich dazu, einen Bericht über unsere Arbeit zu geben, da es so viel sympathischer ist, zu arbeiten, als darüber zu reden. Aber ich weiß, daß vielen damit ein Wunsch erfüllt wird.

»Meine Konsonanten und Vokale . . .
Wie sie golden, blau und purpurn blühen,« . . .
[Aus einem Gedicht von Albert Steffen.]

Sie blühen und glühen und entzücken an vielen Orten der Welt. Mutig stoßen sie vor in fast sagenhafte Gebiete. So zum Beispiel Constance Birks in Honolulu; etwas schweren Herzens hat sich unsere mutige Vorkämpferin in die weite Ferne gewagt; sie hat außerordentliche Bewunderung erregt und ist viel gefeiert worden; sie hat – wie man es nennt – eine glänzende Presse gehabt, – Dornach und das Goetheanum zu ehrenvoller Anerkennung gebracht. Ilse von Baravalle entzückt die Zuschauer in verschiedenen Städten Englands; Simone Rihouet und Lidia Baratto haben warme Anerkennung in Straßburg gefunden; Nina Leskoff ist eben mit wohl vorbereiteten Programmnummern nach Rumänien abgereist. Von den großen Erfolgen unserer bekanntesten Künstlerinnen in Wien und München sind uns begeisterte Berichte zugesandt worden. Es wird besonders betont, wie sie in die Veranstaltungen der Anthroposophen und der Christengemeinschaft den Zauber der geisterfüllten Schönheit und der gebändigten Form gegossen und so die Herzen in Wärme getaucht haben. Hier in Dornach wurde gleichzeitig unentwegt weiter gearbeitet, unter der aufopfernden Leitung Frau Kisseleffs, deren reife Kunst uns nicht nur auf der Bühne erfreut, sondern voll in den Dienst der sich heranbildenden Jugend gestellt ist. Mit ihren treuen Helferinnen vermittelt sie weiter die Anregungen, die uns hier in so überreicher Fülle von Rudolf Steiner gegeben worden sind. Annemarie Donath, die durch ihre zarte Gesundheit leider verhindert ist, größere Reisen mitzumachen, erstaunt hier durch die kraftvolle Anmut und priesterliche Weihe ihrer Gestaltungen. Von allen Seiten sind uns die Lehrenden und Lernenden zugeströmt, und wir haben viel zu tun, um das Problem der Raum- und Zeitüberwindung zu lösen.

Auch die Sprech-Lernbegierigen sind uns in großen Scharen zugeströmt. Und ich darf hier wohl wieder betonen, daß auch im August die praktischen Übungsstunden für Nichtschauspieler von meinen jetzt schon herangebildeten Schülern gehalten werden. Ich selbst habe vor allem in diesen Sommermonaten ein den Haaß-Berkow-Spielern schon lange gegebenes Versprechen einzulösen. Mit großer Freude habe ich konstatieren können die durch eisernen Fleiß errungenen Resultate des Septemberkurses von 1924. Was das zündende Wort Rudolf Steiners damals geweckt hat, wird jetzt in ruhiger, stetiger Arbeit gefestigt und weiterentwickelt. Zu besonderem Dank verpflichtet sind wir dem Grafen Bothmer, der unsern Schauspielern die solide Grundlage jener griechischen gymnastischen Übungen gibt, die geeignet sind, den Darsteller bewußt in den Raum hineinzustellen und ihm wieder die Empfindung zu geben von den Richtkräften seines ganzen Organismus, statt ihn verkümmern zu lassen in den abstrakten Windungen seines grauen Gehirns, und die Wirkungen nur in den zerstörenden Kräften aufgepeitschter Nerven zu suchen. So weit entfernt ist schon unsere gegenwärtige Generation von den Kräften des unmittelbaren Instinkts, daß es zur Unterstützung des Unterrichts am Worte selbst wohl bedarf einer Körpertrainierung, die ins Bewußtsein heraufhebt dasjenige, was der heutige Instinkt nicht mehr gebietet. Wort und Gebärde decken sich ja, die Gebärde liegt in dem Worte drin und muß sprachkünstlerisch aus ihm herausgeholt werden, sonst ist das Wort tot. Niemals werden wir die Sprache lebendig machen, wenn wir nicht ihre Richtkräfte, ihre Zonen spüren, den Laut empfinden mit seiner ihm eigenen Kraft, mit seiner Rückwirkung auf die Nebenlaute, mit den Gegenseitigkeitswirkungen. Das Wort hat den Kosmos aufgebaut, der Kosmos hat sich in den menschlichen Körper hineinkonzentriert, ist in ihn hineingebannt worden und muß wieder erlöst werden, damit er sich von neuem zum Wort emporhebe und von ihm zurückgespiegelt werde. Wir ersticken sonst an uns selbst, verlieren unsern Ursprung, werden Tiere, Quallen, Grammophone, Dämonen. Von all dem trat mir ein erschreckendes Bild entgegen während unserer letzten eurythmischen Tournée. Die Rapidität im Tempo der Zerstörungskräfte, des Heruntersausens ins Untermenschliche, war von einer überwältigenden Eindrucksschärfe. Wie ist es möglich, das zu ertragen, wenn man nicht Licht sieht, die Hoffnung hat an Hand der gegebenen Möglichkeiten, den Aufstieg wieder zu beginnen, mitzuarbeiten an den aufbauenden Kräften! Hier in der Eurythmie liegen sie, die auffrischenden Ätherkräfte, hier vereinigen wir uns mit den Bildekräften, den Gestaltungsmächten, erleben sie zugleich mit den Richtungskräften des Raumes innerhalb unseres Körpers, der das alles in sich hineingeheimnißt erhalten hat, damit wir es ins Licht des Bewußtseins heben. Eine kunstlose Zeit wollte beim Verstande haltmachen, nicht zum Bewußtsein emporsteigen, redete dem Menschen ein, daß sein Persönliches, worin angeblich die Künstlerschaft liegt, nicht den Schritt ins Bewußtsein hinein machen dürfe, damit das Künstlerische nicht versiege. Armes Persönliches, das so beengt werden soll! Stirb und werde, sagt das Wahrheitswort, und dein Persönliches wächst über dein gegenwärtiges enges Selbst hinaus und wird ein Größeres, und umspannt immer größere Bewußtseinsfelder, bis es das All umspannt. Auch die kleinsten Schritte zu diesem Ziele sollen uns nicht reuen. Wir wollen sie in aller Bescheidenheit und in aller Geduld machen, anfangend beim Artikulieren und beim unsichern

Laufschritte, um einstmals die Gipfel jener Kunst aufleuchten zu sehen, die Rudolf Steiner als menschheitserlösende Macht vor unsere Augen hingestellt hat, und zu der er uns die Wege gewiesen hat, durch sein Schaffen und durch sein Wort.

Noch auf seinem Krankenlager lechzte er nach Kunst, schmachtete er darnach, ließ mich tief erschüttert empfinden, wie sehr sie ihm Lebensbedürfnis war.

Doch er umspannte ja alles, und die durchchristete, die ichbewußte Kunst, die mit den Erdenkräften gesättigte, aber nicht an ihnen haften bleibende, sondern sie erlösende Kunst gab er uns. Dieses köstliche Vermächtnis hinterließ er uns.

Wir lernen sie ja tief empfinden, diese christbegabte Kunst, indem wir uns schon jetzt an den Mysteriendramen schulen. Wir dürfen sie szenenweise zum Vortrag bringen an jedem Sonnabend-Abend. Unvergeßlich lebt dabei auf für diejenigen, die sie mitmachen durften, die herrliche Zeit in München, wo in die Spanne zweier Monate hineingepreßt war alles, was zur Darstellung der Dramen führte.

Nachrichtenblatt 2. Jahrg. No. 31 v. 2. Aug. 1925

Einiges aus der eurythmischen und rezitatorischen Arbeit
Marie Steiner

Es treffen gute Nachrichten ein über die Erfolge der eurythmischen Tournée in Deutschland. Eben kam ein Telegramm aus Hamburg – »Bei vollem Hause begeisterte Aufnahme.« Ähnlich klangen die Nachrichten aus den andern Städten, variierend zwischen fast voll und überfüllt, mit Ausnahme von Braunschweig, wo bei ausgezeichneter Aufnahme geringer Besuch konstatiert wurde. Es war ein mutiger Versuch in einer Stadt, wo anthroposophische Arbeit bis jetzt noch nicht hineingedrungen war. Aus Gera wurden einige Störungen gemeldet. Jetzt geht die Reise unserer tapfern Künstler weiter nach Holland.

Wir waren selbst erstaunt, daß mit Hilfe unseres Nachwuchses die wenigen hier zurückgebliebenen Kräfte die wöchentlichen Veranstaltungen weiter fortführen konnten, – trotz der abgereisten 23. Daneben gab es einige freundliche Überraschungen. So erlebte ich herzliche Freude an dem Vortragsabend von Fräulein Vanna Ricci aus Mailand. Sie, die mit einem ersten Preise die Mailänder Schauspiel-Akademie beendet hatte, aber im modernen Theaterbetrieb Befriedigung nicht finden konnte und sich deshalb von ihm zurückzog, hatte noch im vorigen Jahre geäußert: In Italien gäbe es keine eigentliche Kunst der Rezitation oder Deklamation; das wäre dort ein fremdes Gebiet. – Was sie mir selbst als Proben ihres Könnens und des dort herrschenden Geschmacks gab, entsprach demjenigen, was ich selbst in Italien erlebt hatte; ein ganz nach innen gekehrtes, subjektiv emotionelles Ergreifen des Inhalts der Dichtung, die Wirkung entnehmend dem zusammengepreßten nervösen Erleben, bei Nichtbeachtung der äußeren Form. Es ist das, was der Geschmack der Zeit verlangt und was dem geistig strebsamen Künstler nicht mehr genügt.

Fräulein Vanna Ricci beteiligte sich im September 1924 an dem Kursus für Sprachgestaltung und entnahm daraus viel zur Förderung ihres eigenen Könnens. Sie versuchte das, was ihr aufging an Kraftwirkung des Rhythmus und Belebungskraft in der Lautgebung, überzuführen auf die künstlerische Handhabung der italienischen Sprache, und hat ausgezeichnete Resultate damit erzielt, so das eigenste Wesen der italienischen Sprache wieder ergreifend, die ganz lebt im musikalischen Spiel der ineinander schwingenden Laute. So daß man sich erstaunt frägt, wie es denn möglich ist, daß dieses etwas Neues sei, was das innerste Wesen der Sprache so glänzend offenbart.

Es *war* aber verlorengegangen, verschluckt von den aufsaugenden Kräften des triebhaft persönlichen oder dekadent genießerischen Erlebens; in weich wollüstige Schwelgerei löste sich nur zu oft die Kraft der Sprache auf. Ich glaube nicht fehl zu gehen, wenn ich in Rossi und Salvini die letzten großen Sprachkünstler sehe, von denen aus die Brücke wieder geschlagen werden muß zu einer jetzt notwendigen Regeneration, die nur auf erkenntnismäßig geisteswissenschaftlicher Grundlage zu erreichen ist. Was dazwischen lag, war der Weg in den Naturalismus hinein, das Untertauchen der Sprache in ihren geistigen Tod, die Umklammerung der Seele durch die Sinne. Vanna Ricci löste wieder die Form aus dem novellistischen Element heraus, machte sie zur Trägerin und Verkünderin des Inhalts, der dadurch und durch die sprühende Behandlung der Laute wieder geistiges Leben bekam.

Manches macht ihr noch Kopfzerbrechen, so z. B. das Geheimnis der Objektivität in der Wiedergabe des ehernen Schritts der Terzinen bei Dante, sei es in dem harten Dunkel der höllischen Lichtlosigkeit, sei es in dem Strahlenmeer der himmlischen Rose. In der Eurythmie, die sie gelernt hat und für die sie jetzt zu sprechen versucht, liegen ja die Schlüssel zu diesen Rätseln; durch sie werden wir zu den Quellen geführt, die uns die belebenden Wiedererneuerungskräfte geben.

Der Moment, in dem das entdeckt wird, ist für jeden ein psychologisch interessanter und künstlerisch bedeutsamer. Von da an geht es schnell weiter auf dem Wege zum neuen Ziel.

Erfreut teilten uns Mitglieder der Haaß-Berkow-Gesellschaft mit, wie sie die weit größere Wirkungsfähigkeit ihrer Sprache beobachten konnten während der kleinen Schweizer Tournée, die sie nach dem Dornacher Studium gemacht hatten. Und da sich Herr Haaß-Berkow bei Herrn Steffen erkundigt hat, ob sein so liebenswürdig an mich gerichteter Brief nicht in den Mitteilungen abgedruckt würde, so sei diesem Brief sein offiziell gedachter Charakter nicht länger vorenthalten. Es freut mich, dadurch den Zusammenhang unserer Bestrebungen zum Ausdruck zu bringen, der eine schöne gemeinsame Arbeit für die Zukunft verheißt.

1. November 1925

Dornach, den 21. September 1925

Hochverehrte Frau Dr. Steiner!

Sie haben uns, die Mitglieder meiner Schauspieltruppe und mich, im Verlauf von beinahe drei Monaten in die wunderbare Werkstätte des Sprachgeistes geführt und uns gezeigt, wie man vor seinem Angesichte sich selbst befreit. Sie haben uns die Mittel gegeben, uns mit ihm zu vereinen auf der Grundlage, welche durch den Menschheitsführer Dr. Rudolf Steiner gelegt ist.

Wir durften staunend erleben, wie Sie als großer Pädagoge, Künstler und Mensch hingegeben waren mit Ihrem Herzen dem Geiste der Dichtung und uns Lernenden, in allen ihren Eigenarten.

Wir wollen Ihnen damit danken, daß wir das Gegebene anwenden im Dienste der Menschheit, wie wir ihn hier in Dornach so erhebend erleben durften.

In diesem Streben wollen wir den gemeinsamen Zusammenhang mit dem Vorstand der Freien Hochschule für Geisteswissenschaft und Ihnen, als dem Vorstand der Sektion für redende Künste innerlich und äußerlich bewahren.

Wir bitten Sie, uns als Mitarbeiter am geistigen Werke im Herzen zu behalten, bis wieder eine so schöne Zeit wie die vergangene zu gemeinsamem Lauschen und Erkennen uns zusammenbringt, um weiter das in die Tat umzusetzen, was Dr. Rudolf Steiner als Vermächtnis der Bühnenkunst hinterlassen hat.

Auch danken wir Ihnen für die so förderliche Arbeit, die in Ihrem Auftrage in treuer Mithilfe Herr Froböse auf dem sprachlichen – und Graf Bothmer auf dem gymnastischen Gebiete mit uns vollzog, vor allem aber auch für die Stunden, welche uns durch die großartige, so herrlich sich entwickelnde eurythmische Kunst beschert wurden und für alles, was wir sonst in so reichem Maße empfangen haben.

Möge der Geist dieser Stätte bei uns weilen auf allen unseren Wegen.

Ihr ganz ergebener

Gottfried Haaß-Berkow

Eurythmie-Aufführung in der Reichskrone (Naumburg), Sonntag vormittag, 18. X. 25
Eine Zeitungsstimme

> Nur durch das Morgenrot des Schönen
> Dringst du in der Erkenntnis Land.

Diese Worte Schillers darf man mit Recht als Motto über die Aufführung eurythmischer Kunst in der Reichskrone am Sonntag vormittag setzen. Denn wie noch nie wurde dem Zuschauer so klar, daß reifste, edelste Kunst hineinwirkt in die tiefsten Tiefen der Menschenseele, ihn miterleben läßt die Entwickelungen und Läuterungen, die der Dichter im Schaffen durchlebt, und ihm selbst die Ahnung, ein Schauen seiner eigenen höheren Bestimmung gibt. Der bedeutendste Teil der Matinee war unstreitig die *Ariel*-Szene, die deshalb vielleicht besser den Schluß gebildet hätte. Wer da weiß, wie kümmerlich oft diese Elfenwesen mit den üblichen Theatermitteln dargestellt werden, fühlte sich beglückt, die Zartheit dieser Wesen in den eurythmischen gesetzmäßigen Bewegungen weben zu sehen, wie sie begleiten das Werden des neuen Faust durch die vier Pausen der Nacht hindurch zum Erwachen im neuen Tag. Und wie steigerte sich das Miterleben, als die Musik Jan Stutens wahrmachte, daß »tönend wird für Geistesohren schon der neue Tag geboren«. Der Darsteller des Faust brachte einem wohltuend zum Bewußtsein, daß aus der Kultur der Sprache, wie sie am Goetheanum gepflegt wird, wieder herauswachsen kann eine Gestenführung und Mimik, die zusammenklingt mit Wort und Seelenbewegung. Daß die Elfen bei Fausts Monolog nicht verschwanden, sondern leise seine Worte mit ihren Bewegungen begleiteten, ließ einem eine Ahnung davon aufgehen von dem, was Fausts Seele erlebt in Verbunden- und Geborgensein im Reich der Elemente. Natur und Seele ist eins: »am farbigen Abglanz haben wir das Leben«. So wirkt alles zusammen, Wort, Musik, Bewegung, Geste, nicht zu vergessen Farbenwirkung, die immer nach der entsprechenden Stimmung differenziert, hineinflutete in den

Bühnenraum, um das Ganze zu einem einheitlichen, hohen Kunstwerk zu gestalten. Man darf hoffen, daß die Gruppe auch viele Teile des bis jetzt noch brachliegenden zweiten Teiles des Faust aus seinem Dornröschenschlaf erwecken wird und besonders die Szenen aus der klassischen Walpurgisnacht dem Liebhaber der Kunst zugänglich machen wird...

In der Sommerzeit führte die Schauspielgruppe von Georg Kugelmann einige Hans-Sachs-Spiele auf und Hebbels *Gyges und sein Ring*. Die Otto-Rennefeld-Rezitation konnte auch wiederholt werden. Kurze Zeit hielt sich auch der Schauspieler Claus Clausen damals in Dornach als Gast von Marie Steiner auf, kehrte dann aber wieder nach Deutschland zurück. Ein russischer Schauspieler stieß zu unserer Arbeit und blieb in Dornach. Er hieß Ilia Duwan und hatte auf der Reise durch Deutschland als Mitglied der berühmten Truppe »Der Blaue Vogel« die Anthroposophie kennengelernt und sich schon im Frühjahr in Berlin Frau Steiner vorgestellt. Wir hatten anregende Gespräche. Auch sein Vater war Schauspieler, Mitglied des Moskauer Künstler-Theaters, und lebte nun in Paris. Durch Duwan kam ein neues Element in unsere Gruppe. Für ihn war die Bewegung naturgegebener Ausdruck seiner starken dramatischen Begabung. Aus der Geste heraus suchte er seinen Weg in die Sprache und lebte sich durch eisernen Fleiß in verhältnismäßig kurzer Zeit in den Geist der deutschen Sprache ein. Er war der geborene Johannes Thomasius in den *Mysterien-Dramen* von Rudolf Steiner. Gleich ihm kamen nun bald auch andere Kräfte nach Dornach. 1926 löste sich das Ensemble von Haaß-Berkow auf, ein großer Teil seiner Mitglieder fragten bei Marie Steiner an, ob sie unter ihrer Leitung mitarbeiten dürften. Aus dem Schülerkreis der Sprachkurse kamen junge Kräfte dazu. Es war auch auf diesem Gebiete ähnlich wie in anderen anthroposophischen Zusammenhängen: die von Rudolf Steiner entwickelten Anleitungen für eine Erneuerung der Berufe zog wie magnetisch die

Menschen an, welche auf künstlerischem oder wissenschaftlichem Feld an einen Nullpunkt gekommen waren. Im Rückblick staunt man selbst am meisten, wie sich alles formte. Doch ohne den künstlerischen und den materiellen Einsatz von Frau Doktor wäre diese Arbeit nicht entstanden. Schon ein Jahr nach dem ›Dramatischen Kurs‹ fanden die ersten Aufführungen von Szenen aus den *Mysterien-Dramen* statt. Am 26. September hielt ich auch anläßlich einer Tagung der Jugendsektion meinen ersten Vortrag »Der Weg zur künstlerischen Sprachgestaltung«, in Anwesenheit von Marie Steiner. Bald darauf ging es wieder auf eine Eurythmie-Reise. In das Programm der Weihnachtstagung wurden auch szenische Darstellungen aus den *Mysterien-Dramen* aufgenommen. Im Sommer ein Goethe-Programm; zu Weihnachten nach dem *Paradeis-Spiel* die *Marienlieder* von Novalis und *Mysterien-Legenden* von Kurt Piper: *Kain und Abel–Seth*. Eine reiche Zeit. Und doch standen wir noch am Anfang. Dadurch, daß das sprachliche Element überall dominierte, durch die Eurythmie-Rezitation, durch die Rezitationsabende und durch die Inszenierung der Mysterien-Dramen, ganz aus den Sprachelementen heraus, bildete sich eine geistige Atmosphäre, welche den Tageslauf von früh bis abends durchdrang. Diese Kraft durchströmte alles. Dadurch erklärt sich auch, daß die oft allzu bescheidenen Verhältnisse, innerhalb derer sich das Leben vollzog, nicht im Vordergrund standen. Tagtäglich ging man an dem Bau vorbei und erlebte das Entstehen der neuen Formen im Beton mit wachsendem Staunen. Es war ein dauernder Ansporn: lerne, damit du bestehen kannst, wenn das Goetheanum seine Pforten öffnen wird.

Im Frühjahr 1926 mußten durch einen Aufruf des Goetheanum-Vorstandes die Mitglieder der Anthroposophischen Gesellschaft wiederum um Mittel gebeten werden für die Fortführung der Arbeiten zum Bau des zweiten Goetheanum. Die Schlußworte des Aufsatzes von Marie Steiner geben gut wieder, wie damals die Stimmung in Dornach war, und vermitteln ein Bild von den Intentionen, die bei der Einstudierung der *Mysterien-Dramen* Rudolf Steiners leitend waren. »Das Haus der Sprache nannte Rudolf Steiner den uns entrissenen Bau. Wir wollen versuchen, seine Sprache auch in dem neuen Bau zu hören, sie erklingen zu lassen durch die von ihm inspirierten Formen und Linien, durch unser Streben und Wirken. Das Lernen dieser Sprache kann nicht ohne Mühe und Kampf vor sich gehen. Wenn eine Gemeinschaft sich ein Gruppengewissen aneignen will, kann das nicht ohne schweres Ringen geschehen. Ist das Ringen ehrlich, so werden wir daran lernen und wachsen. Vielleicht so erst die Reife erringen, um in den neuen Bau hineinzuwachsen, der uns im Urbild geschenkt, in der Ausführung überlassen und anheimgestellt ist. Helfen wir uns gegenseitig, um in Reinheit und in Treue, auf dem Boden der Erkenntnis und des gemeinsamen Gewissens, den Bau zu vollenden, der das Haus der Sprache wieder werden soll und das Denkmal für das Lebenswerk und den Opfertod Rudolf Steiners.«

Diese Worte sind selbst inspiriert vom Geiste dessen, auf den Marie Steiner immer hinwies. Mag sein, daß man sich heute noch weniger als damals vorstellen kann, was als Impuls diesem Aufruf zugrunde lag. Im üblichen Sinne Theater zu spielen, kam damals gewiß keinem in den Sinn, der sich entschloß, in Dornach zu studieren. Oftmals nach harten

Lebenskämpfen. Und doch vermochte der beste gute Wille allein nicht, das Neue zu ergreifen, das unmittelbar aus dem Geiste erfloß. Gewiß, in Gestalt der Sprache, aber einer Sprache, die so ungewohnt war, daß man in jenes Ringen hineingeworfen wurde, das Marie Steiner hier beschreibt, um auch in der Mitgliedschaft ein Verständnis für die zu bewältigende Aufgabe zu erwecken. Viele Jahre später fand ich im Nachlaß von Marie Steiner einen Brief aus der Zeit des ersten Goetheanum aus dem Herbst 1920. Sie mußte auf den Ausgangspunkt hinweisen, weil dieser nicht mehr im Bewußtsein lebte, der überhaupt zur Errichtung des Goetheanum geführt hatte. »Das Theater«, so schrieb sie damals, »so wie wir es in unsere Bewegung hereinbezogen haben, ist nur gerechtfertigt durch seine okkulte Bedeutung. Als solches hat es einen ungeheuren Wert. Ohne diese okkulte Grundlage hat es keine Daseinsberechtigung unter uns. Diejenigen, die sich zusammengeschlossen haben, um die Errichtung dieses Baues herbeizuführen, waren sich von Anfang an bewußt, daß die Bühne, die er erhalten soll, unter strengster Kontrolle Dr. Steiners stehen müsse. Wir hätten sie sonst nicht errichtet.«

Will man sich eine Vorstellung verschaffen von dem Inhalt dieses Textes, so lese man nur den ersten Vortrag von Rudolf Steiner, den er im September 1924 für die Schauspieler hielt. Dann erhält man ein Bild davon, was es heißt, wenn von der Sektion für redende Künste ausgehend, die Grundlagen für eine zeitgemäße Darstellungskunst entwikkelt wurden. Er, als Leiter der Hochschule gab nicht wie in den vorangegangenen Jahren vereinzelte Hinweise, sondern baute von Grund auf. Er beantwortete die Frage: »Wovon im Menschen geht eigentlich das Sprechen aus?« Damit ist der Punkt berührt, auf den es ankommt, will man wieder durch jahrelanges Studium sich allmählich ein Instinktives aneignen, wie es noch bis zum Ausklang des vorigen Jahrhunderts vorhanden war.

Schon Ende Januar begannen die ersten szenischen Darstellungen aus dem Mysterien-Drama *Die Pforte der Einweihung*. Es fanden sich immer mehr Darsteller ein. An Ostern konnte das ganze Drama aufgeführt werden, und bereits Mitte April findet die erste Szene aus dem zweiten Drama *Die Prüfung der Seele* statt. Mir war inzwischen die Rolle des Capesius übertragen worden. So formte sich allmählich das Schauspiel-Ensemble. Proben über Proben von Tag zu Tag; zuweilen zweimal, wenn es sich als notwendig erwies. Es war eine Schulung besonderer Art, und man mußte völlig umdenken lernen, wollte man sich mit den Intentionen verbinden, die Marie Steiner leiteten. Das gab auch im gemeinsamen Üben ohne ihre Anwesenheit mancherlei Probleme. Was der einzelne mitbrachte, erwies sich oftmals als Hemmnis. Begabung, Talent darf man nicht unterschätzen. Aber in dieser Ausbildung, Schulung kam es noch auf andere Kräfte an, Kräfte, die man schon fühlen konnte, die aber noch nicht frei geworden waren, um sich ihrer zu bedienen. Auch war die Art der Einstudierung der Dramenbilder eine für einen Schauspieler ungewohnte. Leseproben konnte Marie Steiner mit uns nicht abhalten, da Inhalt und Form völlig neu waren. So bedeuteten die Vorlesungen, welche sie selbst an den Samstagen eingerichtet hatte, eine große Hilfe. Dann aber begann die Arbeit. Nicht wie das üblich ist, mit einer Stellprobe. Nein, die Einstudierung begann Wort für Wort, Silbe für Silbe von der Sprache aus. In dem von Rudolf Steiner noch erbauten Saal im Eurythmeum, heute Rudolf Steiner-Halde, fanden die Proben statt. Ein wunderschöner, ursprünglich für die Eurythmie geschaffener rechteckiger Saal, holzgetäfelt mit einigen Formen oberhalb der hohen Fenster im Westen, Norden und Osten, die eine Bewegung dem Ganzen verliehen. Ideal geeignet für diese Arbeit. Später wurde die Ostfront mit den Fenstern durch einen roten Samtvorhang verdeckt, der die Akustik verbesserte. Marie Steiner saß an der Westseite; vor ihr ein kleiner Holztisch, im Stil den Formen angepaßt, für ihre Bücher. Und so stand man als Darsteller in ihrer unmittelbaren Nähe. Es war das schon eine zunächst recht ungewohnte Situation. Der Akteur wollte agieren, aber das gewohnte agierende Element konnte sich noch nicht betätigen. Die Gebärde erfloß aus der Sprache; und man hörte es. Aber man konnte das Gehörte schwer sogleich ins Wort umsetzen. Man kam an eine Grenze. Und an dieser Grenze stieß man auf sich selbst. »Sprechen Sie nicht aus dem Kopf.« »Das war nur Gefühl.« Oder zur allgemeinen Überaschung: »Sie spricht aus dem Ich.« Das war keineswegs herkömmlich. Ganz neue Korrekturen traten einem entgegen. Sie bildeten gewissermaßen ein Fundament für das rein künstlerische Element. Man war auf sich selbst zurückgewiesen und empfand nicht mehr das bisher Getrennte: hier Mensch, hier Künstler. Und wenn Capesius sogleich im ersten Bild der *Pforte* ausspricht: »daß in des Lebens Wirklichkeit Gedanken nichts als blasse Schatten sind«, so erlebte man, wie stark dieses Schattenhafte gegenwärtig in die Sprachkraft sich hineingesenkt hat. Die Stimme kann zwar einen über solch einen Prozeß hinwegtäuschen. Aber nicht oft genug kann man sich die Richtlinie von Rudolf Steiner vor die Seele stellen: »Lernen Sie die Worte plastisch gestalten; ein nur musikalisches Sprechen genügt nicht. Eine schöne Stimme allein ist noch etwas Animalisches. Man muß die Sprache gestalten.« Und die Gestaltung trat einem so vollendet, aber auch so einfach, wie es schien, entgegen in allem, was Marie Steiner sprach. Wie oft erlebte ich es nach den Eurythmie-Proben, daß Gäste als Zuhörer immer sagten: »Ja, ist es denn wirklich so schwer? Es klingt so einfach, wenn Frau Doktor vorspricht bei den Korrekturen, daß man es nicht begreift, wie der Sprecher es nicht sofort richtig nachspricht.« Viel schwerer noch im Dramatischen. Zumal wenn es um die Gestaltung von Geistgestalten geht, beispielsweise die Seelenkräfte. Philia – vokalisch; Astrid – vokalisch-konsonantisch; Luna – konsonantisch. Und alles bewegt, nicht statisch. Als »musikalisch gelöste Plastik« bezeichnete Marie Steiner selbst ihre Sprachkunst. Das alles klingt vielleicht für den Menschen unserer Tage so fremd, daß es ihm nichts mehr sagt. Aber wir wollen durch solche Streiflichter nur auf einen Weg hinweisen, der die künstlerischen Elemente wieder ganz mit der menschlichen Natur verbindet. Wir sind nach Haupt, Herz und Gliedmaßen auch in unserem Sprachmenschen bestimmt. Gemäß dem

Entwicklungsstand der Menschheit überwiegt heute vor allem das Vorstellungsleben, mußte diesen Vorrang erreichen, damit der Mensch zu sich selbst gelangt. Unser Zeitalter nennt Rudolf Steiner die Epoche der *Bewußtseinsseele*. Die vorhergehende Epoche, die griechisch-römische, lebte aus ganz anderen Kräften, zeitigte außerdem auch eine Kunst, die in ihrer Schönheit einmalig war. Aber jede Kultur hat ihre besondere Aufgabe, und der Fortschritt liegt darin, daß die Kräfte, die latent in uns ruhen, ausgebildet werden, zur Gestaltung gelangen müssen. Betrachtet man unter diesem Gesichtspunkt, was hier angedeutet wurde, so erklärt sich manches, was in der Gegenwart aufgetreten ist. Viel zu wenig wird beachtet, daß Kräfte, die sich nicht in der ihnen gemäßen Weise entwickeln können, dann in andere Bahnen einmünden und zerstörend wirken. In solchen Zusammenhängen hat Rudolf Steiner oftmals auf die Bedeutung der Kunst hingewiesen in ihrer Auswirkung innerhalb der sozialen Verhältnisse. Was kann man aber von einer Theaterkunst erwarten, wenn weder Dramatiker noch Darsteller zur Sprache ein echtes Verhältnis besitzen? Oder wer bringt denn noch die Begeisterungsfähigkeit auf, in der Silbe, im Versmaß höchsten Ausdruck von Gestaltung zu erblicken? Und doch, stellt nicht Goethe den fünffüßigen Jambus im *Tasso*, in der römischen *Iphigenie* als Ideal hin und wurde schon damals nicht verstanden! »Ich hatte wirklich einmal den Wahn, als sei es möglich, ein deutsches Theater zu bilden. Ja, ich hatte den Wahn, als könne ich selber dazu beitragen und als könne ich zu einem solchen Bau einige Grundsteine legen. Ich schrieb meine *Iphigenie* und meinen *Tasso* und dachte in kindischer Hoffnung, so würde es gehen. Allein es regte sich nicht und rührte sich nicht und blieb alles wie zuvor. Hätte ich Wirkung gemacht und Beifall gefunden, so würde ich Euch ein ganzes Dutzend Stücke wie die *Iphigenie* und den *Tasso* geschrieben haben. An Stoff war kein Mangel. Allein, wie gesagt, es fehlten die Schauspieler, um dergleichen mit Geist und Leben darzustellen, und es fehlte das Publikum, dergleichen mit Empfindung zu hören und aufzunehmen.« So Goethe zu Eckermann am 27. März 1825. Heute muß man feststellen, daß ein ganzes Volk sein Verhältnis zur Sprache verloren hat. Man vergleiche einmal die weimarische Fassung mit der römischen der »Iphigenie«, um zu erleben, wie der Dichter Silbe um Silbe neu formt. *Dann* wird man vielleicht begreifen können, welch einer Arbeit sich Marie Steiner unterziehen mußte. Die Sprachformen durchdrangen das ganze Wesen. Und so wurde man in diesem Unterricht an die künstlerischen Probleme der Poesie in Dramatik, Epik und Lyrik herangeführt, eben in einer lebensvollen Anthroposophie an die Zusammenhänge der Menschennatur mit dem Wesen der Künste überhaupt. Es war ein strenges Jahr. Marie Steiner mußte zwischenhinein nach London zur Eröffnung der Rudolf Steiner-Hall mit der Eurythmie reisen und später auch nach Stuttgart. Noch vor Beginn der Sommer-Tagungen war auch das zweite *Mysterien-Drama* fertig geworden, »in der ersten szenischen Fassung«, wie ich mir notierte. Auch hier hatte sich aus eigener Initiative etwas entwickelt. Werner Teichert (1900–1955), aus der Bühnengruppe von Georg Kugelmann, hatte sich schon während seiner Bühnentätigkeit vor Dornach mit dem Dekorationswesen beschäftigt. Kugelmann bevorzugte die sogenannte Stil-Bühne und erzielte durch farbige Vorhänge mit den notwendigen Dekorationsstücken eine starke Wirkung. Die Schreinerei-Bühne war für die Eurythmie eingerichtet, besaß blaue, rote, violette und weiße Vorhänge und verfügte über einen hervorragenden Beleuchtungsapparat, den Ehrenfried Pfeiffer noch unter Rudolf Steiners Regie eingerichtet hatte. Die stärksten Eindrücke von dem, was Rudolf Steiner als Bühnenbild bezeichnete, empfing ich so durch die Eurythmie-Aufführungen. An Dekorationsstükken wurde manches beim Brand des Goetheanum (1922/23) gerettet, so daß es für die Szenerie der Mysterien-Dramenbilder verwendet werden konnte. Teichert hatte eine sichere Hand, um aus dem Vorhandenen eine einfache Szenerie aufzubauen. Das befähigte ihn später zur Übernahme der Technischen Bühnenleitung im Goetheanum. Das war das Schöne in dieser frühen Periode: ohne Programmierung vollzog sich die Arbeit in einer freizügigen Weise. Später erhielten Jan Stuten und Mieta und William Scott Pyle-Waller den Auftrag, Dekorationen für die vier Dramen zu schaffen. Zwischenhinein, im Juni, konnte ich einen neuen Rezitationsabend vorbereiten mit Dichtungen von Ludwig Jacobowski, dem früh verstorbenen deutschen Dichter, mit dem Rudolf Steiner eng befreundet war. Ich hatte schon als Knabe oftmals die Komödie *Dyiab, der Narr* gelesen, ohne zu wissen, wer dieser Dramatiker war. Die Uraufführung fand 1895 am Berliner Schiller-Theater statt. »Dem vortrefflichen Darsteller des Dyiab«, war das Buch vom Autor gewidmet. Rudolf Steiner lebte noch in Weimar, besuchte als Kritiker erst einige Jahre später das Schiller-Theater und kannte meinen Vater von damals und vom Lessing-Theater her. Der Direktor des Schiller-Theaters war Dr. Raphael Loewenfeld, der Marie von Sivers aufgefordert hatte, an seiner Bühne als *Jungfrau von Orléans* zu debütieren. So merkwürdig laufen zuweilen die Schicksalsfäden. Ich habe immer gern die schönen Gedichte von Jacobowski rezitiert, ein besonders ergreifendes, *Melodie*, wurde auch eurythmisch dargestellt. Im Sommer fand dann die erste musikalische Tagung statt, von Jan Stuten eingerichtet. Später im Jahr reiste Marie Steiner noch nach Berlin und gab dort auch einen Rezitationsabend. Sie rezitierte aus den Gedichtzyklus von Kurt Piper *Zwischen Welt und Geist, Schwellenbilder als Totenamt für Rudolf Steiner*. Hermann Klug, Basel, hatte für diese Rezitationsabende Kompositionen geschaffen. Es waren zum großen Teil Bibelmysterien, welche Piper in strenger Versform gedichtet hatte. In einmaliger Weise Steiners Christologie mit dessen Lebensgang verbindend und oft Licht auf Zusammenhänge werfend, die bisher nicht beachtet worden waren. Während der musikalischen Tagung rezitierte Marie Steiner die *Hymnen an die Nacht* von Novalis und Goethes Festspiel *Pandora*, das sie nach Jahren im Goetheanum in Szene setzte. Zu Weihnachten: *Die Geheimnisse*, das ergreifende, Fragment gebliebene Epos von Goethe.

Das Ensemble wurde noch durch Persönlichkeiten ergänzt, die Marie Steiner auf ihren Reisen traf, zuweilen von der Eurythmie zur Schauspielkunst berief, oder auch Begabungen, die sich in den Sprachkursen zeigten, wurden in unsere Arbeitsgemeinschaft aufgenommen. Für all die neu Hinzugekommenen mußte gesorgt werden. So gab es Arbeit über Arbeit auf den verschiedenen Sektoren. In den kommenden Jahren steigerte sich diese, aber man kann sich doch ein Bild machen von der Arbeitsleistung, die Marie Steiner tagtäglich zu absolvieren hatte. War sie nicht durch Reisen von Dornach abwesend, so nahm sie stets die Generalprobe der Eurythmie-Aufführung ab. Der Sprecher für die Gedichte wurde von ihr bestimmt. Hervorzuheben ist die allererste szenische Darstellung aus *Die Pforte der Einweihung*. Es wurde zunächst von ihr das vierte Bild einstudiert, die Szene im Seelenland, beginnend mit den Worten von Luzifer und Ahriman. Die sich anschließenden Reden von Strader und Capesius vor dem Geist der Elemente und das Zwiegespräch mit der anderen Maria gaben eine gute Grundlage für die als letzte erfolgte Inszenierung des großen ersten Bildes im Salon der Maria. Gerade durch das stark getragene Sprechen in den im Geistigen spielenden Bildern erwarben wir uns die Ausdruckskraft, auch in den im Alltäglichen spielenden Bildern der Sprache alle Tiefe zu verleihen, damit diese Reden ebenfalls in ihrer Gewichtigkeit zum Ausdruck gelangten. Es lag auch in dieser Auswahl ein zielsicherer Griff, ganz aus der Erfahrung heraus, um die Schauspieler Schritt für Schritt in das Neuland zu führen. Auch durch die Wiederholung der Aufführungen lebten wir uns immer mehr in die noch ungewohnten szenischen Vorgänge ein. Kam es dann zur Premiere, so erlebte man das Organische dieser Art von Inszenierung. Auch die *Faust*-Dichtung erhielt so – Bild nach Bild – Gestalt, sie hatte begonnen mit den noch unter der Leitung von Rudolf Steiner entstandenen Einstudierungen der eurythmisch-dramatischen Szenen. Es war ein Prinzip, wie es Goethe ähnlich handhabte, der nicht in der Weise den *Faust* verfaßte, wie er ihn dann in Buchform erscheinen ließ und später für die Weimarer Bühne einrichtete. Wir betonen es aber, weil alles Programmatische in dieser Arbeit fehlte. Freilich soll man daraus kein Dogma ableiten, denn die Schiller-Dramen wurden Akt nach Akt einstudiert, aber auch zunächst aktweise aufgeführt, bevor das Ganze fertig war. Auf ein *Wachsen*, ein von Stufe zu Stufe in das Kunstwerk eindringendes Element kam es an. Darin ruhte auch das Geheimnis, wie tief in das ganze Wesen des Menschen diese Sprachformen sich einsenkten. Bei der nicht einfachen Einstudierung des *Adonisspiel* von Albert Steffen haben wir ganze Passagen zunächst im Chor gesprochen, und diese Vorübungen führten in der Tat den einzelnen Darsteller dann leichter in seine Rolle ein. Es war ja auch für die Zuschauer von einmaliger Bedeutung, so in das dramatische Kunstwerk sich einleben zu können. Nicht um ewig »Neues« handelt es sich, wenn *Kulturgüter* entstehen sollen, sondern um die ständige Pflege dessen, was inhaltlich bekannt ist, was aber zum *Erleben* der Seele durch ständige Wiederholung werden soll. Anders sind auch die Weihefeste der Mysterien im Altertum nicht entstanden. Die Eleusinien, um ein Beispiel zu nennen, im Frühjahr und im Herbst gehörten zum Leben des Volkes. Die neuen Mysterien werden getragen durch die einzelne Persönlichkeit; das Volksmäßige weicht dem Individuellen. In diesem Sinne entwickelte sich, was dem Goetheanum den Zustrom aus der ganzen Welt erschloß.

Noch etwas mag an dieser Stelle eingefügt werden, um das Bild zu vervollständigen, das wir zu entwerfen versuchten. Zur Charakteristik dessen, worauf es bei der neuen Kunst ankam, und zur Urteilsbildung können wir im Auszug bringen, was einmal Ergebnis einer Prüfung war, an der ich teilnahm. Die damit verbundenen Lebensumstände gaben Marie Steiner Veranlassung, in einem Brief im einzelnen festzuhalten, wie diese Prüfung verlief: Zunächst hörten wir eine Partie aus den *Mysterien-Dramen*.

»Dann kam etwas aus *Faust*: die Engelchöre in der Osterszene. Es war in der Gestaltung ganz aus dem Menschlichen heraus, nicht aus dem Sprachlichen. Die anwesenden Kollegen sprachen es richtig vor, aber es wurde nicht die Bewußtseinsecke gefunden, aus der heraus es gesprochen werden muß, und die Atemführung dazu. – Dann kamen die zwei

Atemübungen. Und das ging ja nun leider ganz vorbei! Also das Entscheidende, die Grundlage zum Stundengeben in unserem Sinn: unmöglich dies zu verantworten! Es ist gar nicht verstanden in all den Jahren! Das war ziemlich erschütternd. – Es kam noch *Mahadöh (Der Gott und die Bajadere.* Indische Legende von Goethe.) Es war eine subjektive Inhaltswiedergabe, kein Vermögen der Gestaltung. Kein Mitgehen in der Bewegung, mit dem Lauf der Geschehnisse. – Ich kann nicht sagen, wie leid es mir tut, dies schreiben zu müssen, aber ich bin doch zu objektiver Beurteilung verpflichtet. Ganz besonders habe ich gesehen, wie neben der Begabung eine vollkommene Seelenwandlung nötig ist für unsere Kunst. Damit wurde noch nicht angefangen. Man weiß nicht, wie man es tut«.

Mehr als langatmige Beschreibungen gibt dieser Extrakt einer Prüfung ein Bild von den Schwierigkeiten, die es zu überwinden galt. Gerade las ich in den Tagen, in denen ich dieses niederschrieb, das Buch ›Rückblick. Von Moskau nach Dornach‹, das Ida Rückardt mit 93 Jahren veröffentlicht hat. Als Mitglied des Schauspiel-Ensembles, sie gab den *Hüter der Schwelle* und als Sprecherin zur Eurythmie hat sie viele Erfahrungen gesammelt, zumal sie ein Sprachgenie war; sie gab einen Rezitationsabend in zwölf Sprachen. Sie schildert folgendes:

»Da Rücksichtslosigkeit gegen sich selbst und volle Hingabe an ihre Aufgaben ihr Selbstverständlichkeit waren, verlangte Marie Steiner von ihren Schülern dieselbe Seelenhaltung; aber wer hatte die großartigen Anlagen, die sie als Mensch mitbrachte? Wie groß Frau Doktors Arbeitskraft war, ersieht man daraus, daß sie drei Berufe erfüllte: sie war Mitglied des Vorstandes der Anthroposophischen Gesellschaft und hatte dadurch eine große verantwortungsvolle Arbeit zu tragen. Außerdem gab sie die Werke von Rudolf Steiner in ihrem Verlag heraus, las Korrekturen und schrieb Ergänzungen. Als Drittes hatte sie die große Aufgabe, ihre Sektion zu leiten. Als Lebensgefährtin Rudolf Steiners und engste Mitarbeiterin hatte sie den Pflichtenkreis, der ihr mit der Zeit zuwuchs, übernommen und erfüllte diese Arbeit in aufopfernder Weise.« »Verlangte?«, ich glaube, man sollte besser sagen: *erwartete* sie von ihren Schülern, auch von jedem Mitarbeiter. Wurde diese Erwartung aber erfüllt? Doch beispielhaft war *ihr* Einsatz, bis zum letzten Atemzug muß man sagen. Es mag noch vielleicht am besten an dieser Stelle etwas stehen, was Rudolf Steiner unmittelbar nach der Begründung der Allgemeinen Anthroposophischen Gesellschaft zu Weihnachten 1923 schilderte, als er über den Sinn der Sektionen sich aussprach, welche er innerhalb der Freien Hochschule für Geisteswissenschaft eingerichtet hatte. In den Vorträgen für Ärzte und Medizinstudierende, die unter dem Titel ›Meditative Betrachtungen und Anleitungen zur Vertiefung der Heilkunst‹ herausgegeben wurden, führte er am 6. Januar 1924 das Folgende aus. Anwesend waren dabei alle Mitglieder des von Rudolf Steiner gebildeten Vorstandes der Gesellschaft. »Es war immer so im Leben der Anthroposophischen Gesellschaft, daß von all den Persönlichkeiten, die in der Anthroposophischen Gesellschaft haben Esoteriker werden wollen, die Bedingungen des esoterischen Lebens, einfach die innerlichen Bedingungen des esoterischen Lebens nicht gründlich genug beachtet worden sind. Und so haben wir es innerhalb der anthroposophischen Bewegung eigentlich nur auf zwei Gebieten im Laufe der Jahre zu dem bringen können, was notwendig ist: nämlich auf dem Gebiete der Allgemeinen Anthroposophie und auf dem Gebiete der eurythmischen und der Redekunst. Aber dasjenige, was auf diesen Gebieten als innere Betätigung, als selbständige innere Betätigung sich herausgebildet hat, das muß sich für alle Sektionen, die nun eingerichtet werden sollen, wirklich herausbilden.« Die Leitung der Sektion für allgemeine Anthroposophie hatte er inne. Er charakterisiert dann im einzelnen, wie sich das im Gebiete der medizinischen Sektion »im Verein mit Frau Dr. Wegman« abspielen soll. Dann folgt: »Der große Fehler, der bisher im esoterischen Leben geschehen ist, ist der, daß in einer übertriebenen Unbescheidenheit die Personen meinten, von mir immer ihre esoterischen Übungen haben zu sollen. Mit mir wollen alle zu tun haben, mit andern nicht.

Daran scheiterte die Esoterik bis jetzt! Es ist nur möglich aus innerer okkulter Grundlage heraus, daß dasjenige, was im Quell der Esoterik lebt, durch die geeigneten Persönlichkeiten weitergeleitet werde. Diese Durchleitung zunächst durch die dazu vom Schicksal bestimmten Persönlichkeiten gehört zur Esoterik dazu.«

Diese Worte von Rudolf Steiner können wohl ein Licht werfen auf manchen Ausspruch, den wir von Marie Steiner zitierten, und auch Verständnis erwecken für das Werk, das sie auf dem ihr anvertrauten Gebiete im Laufe der Jahre aufbaute.

Nun soll noch die erwähnte Übersicht die Schilderung des Jahres 1926 abschließen. 50 Eurythmie-Aufführungen, 35 szenische Darbietungen aus den *Mysterien-Dramen* von Rudolf Steiner bis zum Beginn des dritten Dramas *Der Hüter der Schwelle*. 9 Abende mit Sprech-Chor-Rezitationen. Aus dem Kreis der Schauspieler fanden 14 Rezitationsabende statt. Marie Steiner gab 5 Abende in Dornach mit Rezitationen aus dem Gedicht-Zyklus von Kurt Piper und trug auch auf ihrer Reise in Berlin, Breslau und Dresden diese Dichtungen vor, stets begleitet von Hermann Klug. Ein Abend mit Dichtungen von Albert Steffen aus dem Buch ›Wegzehrung‹ soll noch besonders hervorgehoben werden. Eurythmie-Gastspiele fanden in 14 Städten Deutschlands und in London, Paris und Mailand statt.

Bis zur Bau-Eröffnung: Michaeli 1928

Die Einstudierung der *Mysterien-Dramen* für die Bau-Eröffnung war nun in vollem Gange. Die Aufführungen der einzelnen Bilder auf der Schreinerei-Bühne ermöglichten es auch, verschiedene Darsteller für die gleiche Rolle auszuprobieren; denn es lagen ja die Verhältnisse für die Inszenierung so ganz anders als in München. Dr. Felix Peipers, der dort die Rolle des Benedictus zu bewältigen hatte, sah die Neuinszenierung durch Marie Steiner und gab ein anschauliches Bild im Vergleich von München mit Dornach. In der Wochenzeitschrift *›Das Goetheanum‹* erschien seinerzeit dieser ausführliche Bericht:

Rückblicke und Ausblicke
Zu den Mysterienspiel-Aufführungen in Dornach

»In den letzten Monaten sahen wir in Dornach die Aufführung von Szenen aus den Mysterienspielen Rudolf Steiners. Und die Erinnerung an jene Zeit wurde lebendig, da wir zum ersten Male die Mysterienspiele erleben durften, zumal bei denjenigen unter uns, die an dem Zustandekommen der Aufführungen in München tätigen Anteil hatten, die als Helfende neben dem Schaffenden stehen durften. Diese Erinnerungen gehören zu dem Köstlichsten, was uns von dem Miterleben des Lebens Rudolf Steiners geblieben ist.

Wenn man davon erzählt, glaubt der Zuhörer, man berichte Märchen. Kommt es uns doch selbst wie Märchen und Wunder vor, unwahrscheinlich, daß wir's erlebten, unmöglich es wieder zu erleben.

Und dabei vermag man nur den kleinsten Teil anzudeuten von dem was geschah. Selbstverständlich nichts von jenem größten Wunder, das in der Seele des Dichters vorging, als er sein Werk schuf. Wir wissen nur zu berichten, wie es ans Licht trat, Stück für Stück, wie es mit uns, die wir größten Teils die Bühne nur vom Zuschauerraum aus kannten, eingeübt und mit allen Details an Kostümen und Requisiten auf die Bühne gestellt wurde.

Diese Unzulänglichkeit der Mittel, mit denen Rudolf Steiner Dramen zur Aufführung brachte, welche an Größe des Inhalts und der Form nur mit den Werken eines Aeschylos zu vergleichen sind, gehört ja mit zu dem Gesamtbild seines Schaffens: Die Zeit gab, in jedem Sinne des Wortes, nicht das Nötige her. Rudolf Steiner hat keine Künstlergeneration gefunden, die sein Werk trug. Befangenheit in überkommenen Kunstanschauungen blendete bei den Berufenen den Blick für das große Neue. In der Tat lehnte es ein Künstler ab, die Verse Rudolf Steiners zu sprechen mit der Begründung, daß ihre Sprache unkünstlerisch sei. Und ein Dichter fällte ähnliche Urteile.

So sah sich Rudolf Steiner an Dilettanten verwiesen, die ihm weniger Vorurteile entgegenbrachten, freilich auch weniger Können. Nur einige Berufsschauspieler stellten sich zur Verfügung.

Anfangs Juli kam Dr. Steiner in den Jahren, in welchen die Mysterienspiel-Aufführungen stattfanden, nach München. Er rief diejenigen zusammen, welche in dem kommenden Drama mitwirken sollten; dazu die Künstler, denen die Schaffung der Kulissen, Prospekte, Requisiten und Kostüme oblag.

Was Dr. Steiner von dem neuen Drama zeigte, gab zunächst einen nur undeutlichen Begriff. Alles schien noch im Fluß zu sein; nur einzelne Bilder standen klar vor seinem Auge, so daß er den Malern Anweisung geben konnte, auf Grund deren sie Skizzen zu den Szenenbildern zu entwerfen vermochten. Zu dieser Zeit hatte das werdende Drama sicher noch nicht die abgeschlossene Form in der Seele seines Schöpfers gewonnen, der zum Beispiel für das zweite Drama einen weit geringeren Umfang erwartet zu haben schien; wenigstens sprach er anfänglich nur von einer Art Nachspiel zu dem *Rosenkreuzermysterium*.

Dann begann die Ausführung. Nachts schrieb Dr. Steiner an seiner Dichtung. Morgens kamen die Mitwirkenden in einem größeren Raume zusammen und Rudolf Steiner las das Neuentstandene vor. Die Rollen wurden herausgeschrieben und die Proben begannen.

So ging's dann den Juli hindurch jeden Morgen. Selten gab Rudolf Steiner eine Korrektur; höchstens, daß er die Rolle nochmals vorsprach. Vom Korrigieren im Einzelnen schien er unter den obwaltenden Umständen nichts zu erwarten. Er verbat sich auch das Korrigieren der Mitwirkenden untereinander, zu dem so reichlich Anlaß zu sein schien. Dieses hätte ja nur die Unbefangenheit zerstört, mit der wir unserer Aufgabe gegenüberstanden. Er erwartete nur etwas von der Begeisterung oder besser Beseelung der Mitwirkenden durch Geist und Seele der Dichtung; diese mußte über alle Unzulänglichkeiten im Einzelnen hinwegtragen und zum Ganzen wirken.

Und das stand dann Mitte August auf der Bühne; vor einem Publikum, das bereit war, durch Staunen und Ehrfurcht hindurch sich zur Offenbarung der Wahrheiten der geistigen Welt führen zu lassen. In dem Theater herrschte, wenn das Spiel begann, die Stimmung der Andacht. Und so wurden die Darsteller von der stark miterlebenden Zuhörerschaft getragen, weit über sich selbst hinaus, so daß – wie immer wieder versichert wurde – die Gesamtwirkung sich zu einer durchaus künstlerischen steigerte.

Freilich wurde diese Überwindung des Dilettantischen in so kurzer Zeit noch durch ein anderes ermöglicht: durch die Regie Rudolf Steiners. Die Erlebnisfähigkeit des Schauspielers, welche fremdes Seelenleben zu eigenem Erleben bringt und in Wort und Gebärde auf der Bühne herauszustellen vermag – das alles war ja bei uns nicht vorhanden; damit konnte die Regie nicht rechnen. Sie war darauf angewiesen, die Rollen so zu verteilen, daß die seelische Eigenart der Darstellenden selbst in Erscheinung treten konnte. Am stärksten war diese Kongruenz von Rolle und Darsteller für die Träger des seelischen Elements erforderlich und, dank der Regie Rudolf Steiners, auch vorhanden. Sie brauchten in der Tat nur darzustellen, was in ihrer Seele lebte – und das natürlichste Kunstwerk stand da. Wo diese Natürlichkeit mit edelster dramatischer Kunst zusammenwirkte, wie bei der Darstellung der Maria durch Frau Marie Steiner, da wurde die Dichtung zur lebendigsten Wirklichkeit. Die Rolle offenbarte das tiefste Wesen ihrer Trägerin. Ihr allerdings eignete damals schon eine Sprachbeherrschung, die es ihr erlaubte, die Worte bis in jeden einzelnen Klangwert hinein zu durchseelen und den »Weltenäther in sich erbeben« zu lassen.

Die Darsteller des geistigen Elementes hatten in gewissem Sinne eine entgegengesetzte Aufgabe, nämlich, das gerade nicht zum Ausdruck zu bringen, was das Wesen ihrer eigenen Seele war, sondern ein objektiv Geistiges. Das aber lebte in den Worten der Dichtung. Und es galt, diese Worte rein zur Wirksamkeit zu bringen, »nichts hinzuzutun«. Eine solche Aufgabe ist keine eigentlich schauspielerische, sondern eine rezitatorische.

Die Tage, in denen wir das Theater in München mit Rosenkränzen ausschmückten, sind gewesen. Was jetzt in Dornach in den Neuaufführungen vor uns hintritt, hat vielfach zu Vergleichen Veranlassung gegeben. Aber diese sind müßig, da sie die gänzlich anderen Vorbedingungen außer Acht lassen. Heute ist schauspielerische Kunst dabei, bewußt zu gestalten, was sich aus unserem gefühlsmäßigen Miterleben selbst Gestalt geben mußte. Wir hatten ja nicht einmal das Gesamtwerk vor uns, wenn wir die neuentstandenen Einzelszenen bekamen. Unser Verständnis mußte notwendig hinter unserer Aufgabe zurückbleiben. – Dazu kommt die sprachtechnische Schulung Frau Marie Steiners, die es den heutigen Darstellern ermöglicht, die lautlichen und rhythmischen Schönheiten der Dichtung bis in die Einzelheiten hinein zur Geltung zu bringen. Was diese Sprachkunst leistet, erlebten wir ja, als sie die wohlbekannten Chöre aus der *Braut von Messina* wie eine Neuschöpfung erklingen ließ. – Und schließlich kommt die Eurythmie in ihrer heutigen Ausbildung hinzu, die bei den Münchner Aufführungen ihre ersten Versuche machte. Sie wird die Gesamtwirkung stark unterstützen.

Freilich, Rudolf Steiners persönliche Gegenwart fehlt! Wer möchte sich über diese Lücke hinwegtäuschen? – Aber in seinem Werke ist sein Wesen ewig gegenwärtig. Dieses zu beleben ist das Ziel, dem die Arbeit der Sektion für redende Künste unter Frau Marie Steiners Leitung sichtbar zustrebt. Daß sie es erreichen werde, daran ist kein Zweifel. Die Neuaufführung der *Mysterien-Dramen* in dem neuen Goetheanum wird die schönste Offenbarung des Wesens Rudolf Steiners sein.

Es ist auch überliefert, daß Rudolf Steiner zu den Darstellern in München gesagt hat, sie hätten alle etwas mit der von ihnen verkörperten Rolle zu tun. Eine Ausnahme mache nur der Schauspieler, der die Rolle des Strader erhalten habe; er könne alle Rollen spielen.

In diesem Bericht werden auch die Chöre aus der *Braut von Messina* erwähnt. In der Tat haben wir im Herbst 1925 eine erste Chor-Rezitation gehabt; auch Chöre aus der *Antigone* von Sophokles übten wir für eine Darbietung ein und ebenfalls Dichtungen von Rudolf Steiner, die Marie Steiner Weihnachten 1925 unter dem Titel ›Wahrspruchworte‹ hat erscheinen lassen. Aber die eigentliche Geburtsstunde des Sprech-Chors fällt in eine etwas spätere Zeit, als das Ensemble schon vollständig war. Es geht ja aus den Beschreibungen der Arbeitsweise von Marie Steiner hervor, daß das neu zu Erwerbende sich nur allmählich, Schritt für Schritt entwickeln konnte. Und wie es dabei für den einzelnen eine Geduldsprobe zu bestehen gab, so wurde auch die Geduld der im Saal anwesenden Schüler oftmals auf eine harte Probe gestellt. War bereits eine erste Stufe erklommen, ging es weiter. Was von einem aus der Gruppe erreicht war, mußte von allen ergriffen werden, wenn ein einheitliches Ganzes entstehen sollte. Das vollzog sich mitunter unbemerkt, konnte aber auch zu Krisen führen. Das vor uns stehende Ziel: die Eröffnung des Baues diktierte in gewissem Maße, was es zu erarbeiten galt. Wenn dann einer oder eine aus dem Ensemble immer wieder sich abmühte, um den entscheidenden Schritt zu tun, ohne es zu vermögen, und die ringsherum Sitzenden solch einen Prozeß zuhörend mitmachen mußten, entstand schon eine Spannung im Raum, die sich irgendwann einmal entladen mußte. Natürlich war auch für Frau Doktor jene Spannung bei uns Zuhörenden wahrzunehmen. Und als es einmal für den Einzelsprecher bei allem guten Willen, bei aller Bemühung und Anstrengung nicht möglich war, das vorgesteckte Ziel zu erreichen, fand Marie Steiner das erlösende Wort, indem sie ausrief: »Nun, so stellen Sie sich doch alle hin!« Wie befreit von einem Alp taten wir es und übten gemeinsam die so schwer zu erobernde Passage und – es gelang in Gemeinsamkeit! Das war die eigentliche Geburtsstunde des Sprech-Chors. Der Anlaß, durch welchen dieser Moment hervorgerufen wurde, ist mir nicht mehr in Erinnerung. Aber in Zukunft trat zu der Eurythmie-Rezitation, zur Einzelrezitation noch die neue Kunstgattung in Gestalt des Chores. Es muß zunächst überraschend wirken, wenn ein chorisches Sprechen auch für Dichtungen Anwendung fand, die nicht in dieser Weise vom Dichter gedacht waren. Aber als wir später Goethes »Urworte« im Chor zu sprechen begannen, die er aus den Orphischen Mysterien heraus formte, überzeugte ein solcher Versuch unmittelbar. Der Chor wurde ein nicht hoch genug einzuschätzender Erzieher, um zu den eigentlichen Wort-Kräften in der Sprache vorzudringen. Dann war es ein uns alle beglückendes Ereignis, als im gleichen Sommer 1927 Albert Steffen Frau Doktor eine Chor-Dichtung überreichte, die zunächst von ihm nur als »Feier« bezeichnet wurde. So erschien sie auch im Herbst in der Wochenschrift *›Das Goetheanum‹*. Die Arbeit begann sogleich. Wir hatten durch Wochen die tiefschürfenden Verse geübt und freuten uns auf die Wiedergabe in der Schreinerei Mitte August. Aber es gab noch ein schweres Problem zu bewältigen. Das stark aus dem Willensmäßigen herausfließende Gestalten führte unwillkürlich ein Sich-Bewegen der oberen Gliedmaßen mit sich. Zunächst völlig ungeformt, einfach, um von sich loszukommen, um herauszukommen – in die Luft, in die Bewegung. Arme und Hände halfen da nach. Wir nannten es »rudern«. Es machte auf einen unvorbereiteten Zuschauer einen nicht nur ungewohnten, sondern auch etwas komischen Eindruck. Nun forderte aber gerade die Chor-Dichtung von Albert Steffen schon gleich durch die ersten Verse des Chores der ältesten Menschen:

Urgestein Gelasse
Von der Gottgewalt der Tiefe aufgetürmt
Bargen das verlassene Weltenwort

von uns eine Kraft, die wir im Herren-Chor mit einem gewaltigen »rudern« stets unterstützten. Wir vertrauten unsere Sorge Frau Doktor an. Sie verstand uns, verstand auch unser Lampenfieber vor dieser ersten Chor-Aufführung und erklärte einfach: »Dann sprechen Sie eben hinter dem Vorhang. Wir leuchten die Bühne etwas an, und ich werde einige erklärende Worte zu Beginn sagen.« Und so geschah es, daß wir uns dadurch frei bewegen konnten. Natürlich war das nur ein Anfangsstadium. Später haben wir selbstverständlich ohne »rudern« bei den Aufführungen gesprochen. In den Proben allerdings war es schon durch lange Zeiten eine Hilfe. Die Aufführung muß tief beeindruckt haben.

Die folgende Einladung durch den Pfarrer der Christengemeinschaft, Wilhelm Salewski, gab den Anlaß zur ersten öffentlichen Sprech-Chor-Reise im Winter 1927.

Mannheim, den 17. VIII. 27

Zu meiner allertiefsten Freude war es mir vergönnt, in Dornach am letzten Sonntag-Abend die Sprechchöre mit der Dichtung *Feier für die im Kriege Gefallenen* von Albert Steffen zu hören. Ich glaube, erlebt und begriffen zu haben, daß auf diesem Wege Entscheidendes für die Zukunft des Wortes erreicht ist.

... Das Hören der Chöre hat mir den Impuls gegeben, daß ich mit meinem hiesigen Mitarbeiter zusammen die herzlich dringliche Bitte und den Vorschlag unterbreite, auf unserer Mannheimer Tagung [der »Bewegung für religiöse Erneuerung«] vom 27.–30. Oktober einen Sprechchor möglichst 3 Tage hindurch mitwirken zu lassen. Ich betrachte es direkt als eine verantwortlich notwendige Aufgabe, diesen Weg zu beschreiten und der von Dornach ausgehenden Wortpflege helfen die Bahn zu brechen.

... Die Bitte um den Chor ist berechtigt aus der Erkenntnis um die Zeitnotwendigkeit einer neuen Wortoffenbarung für die weiteste Öffentlichkeit.

... Ich würde mich freuen, wenn dieser Plan auch Sie wie uns hier von Herzen begeisterte.

So kam es zur ersten Sprech-Chor-Reise. Nach Mannheim wurden nur zwölf Herren eingeladen, aber wir sprachen mit dem Damen-Chor im Anschluß an die Tagung der Christengemeinschaft dann noch in Karlsruhe und Stuttgart in den Zweigen der Anthroposophischen Gesellschaft. Der Oberspielleiter des Landestheaters in Karlsruhe, der durch einen Schauspieler, Mitglied der Gesellschaft, von der Veranstaltung gehört hatte und an ihr teilnahm, äußerte sich begeistert. Hier läge für die Bühnenkunst eine große Zukunft. Dann sprachen wir auch noch vor den Schülern der Waldorfschule. War das sein Jubel. Ein so spontanes Empfinden hatten wir nicht erwartet. Zum Schluß sogar öffentlich in Freiburg im Breisgau. Die Sprech-Chor-Darbietungen wurden ein integrierender Bestandteil der Jahresfest-Feiern, und die zahlreichen Reisen bis nach Estland hinauf, in Deutschland und in der Schweiz, 1937 in Paris anläßlich der Weltausstellung und auch in London hinterließen an allen Orten tiefste Eindrücke. Ein Geleitwort zu einem Sprech-Chor-Programm aus dem Jahre 1943 von Marie Steiner faßt in den Grundzügen zusammen, was hier nur angedeutet werden konnte.

Geleitwort
zu einem Sprech-Chor-Programm
mit Dichtungen von Christian Morgenstern aus
Wir fanden einen Pfad und *Mensch Wanderer*

Wir haben die Zeit der überspitzten Persönlichkeit erlebt; der Mensch hat seinen Zusammenhang mit dem Weltenall verloren, die Seelen gehen aneinander vorbei. In erschütternder Weise hat sich an einer so repräsentativen Persönlichkeit wie Nietzsche gezeigt, wohin das Ringen nach dem Übermenschen führt, wenn man ihn nur im Physischen sucht und den Weg zum Übersinnlichen, sei es auch nur im Denken, nicht findet.

Christian Morgenstern hat diese Tragödie eines in Ehrlichkeit ringenden bedeutenden Menschen tief miterlebt. Nietzsche war eine der Etappen seines Entwicklungsweges gewesen; er war ihm aber nicht verfallen, denn die Natur hatte zu ihm aus der Fülle ihrer Geistigkeit gesprochen, und sein Suchen hatte ihn zu Rudolf Steiner geführt, der seinem Denken die Wege wies, die den Menschen wieder zum Bürger des Universums und zum Bruder der Menschen machen.

Die zarten Töne seiner Lyrik würden, von einem Chore gesprochen, nicht zu ihrer tiefsten Wirkung kommen; sie verlangen das Intimste, das die Seele geben kann, die subtilste innere Bewegung, die nur die Stimme des einzelnen in allen Regungen wiedergeben kann. Da hingegen, wo der Mensch sich im Menschen findet, ihn mit seiner Liebe umfassend, wo die Seele im All untertaucht und in sich den Widerhall aller Stimmen der Natur und der Göttlichkeit vernimmt, da ist es auch berechtigt, zum Mittel des chorischen Sprechens zu greifen, um die Tiefen dieser schöpferischen Kräfte zu erleben. Liegt ja doch der Ursprung aller Kunst in den antiken Mysterien, die den Chor zur Stimme des *Wortes*, zum Träger der schöpferischen Offenbarung machten.

Zu dieser Offenbarung drängte es die Menschen wieder hin. Sie suchen heute, wenn auch vielfach mit verkehrten Mitteln, sich das Unbewußte, das in ihnen rumort, klarzumachen. Die Jugend strebt nach Gemeinschaft – sie will das Antisoziale überwinden, das so stark in der sich abschließenden Persönlichkeit liegt – und sucht die Wege zueinander. Sie will irgendwie hinaus – in die weite Welt. Es ist, als sollte die Zeit des Erden-Eremitentums überwunden werden. Politische und soziale Parteien haben für ihre Kämpfe in unkünstlerischer Weise zum Mittel des Chorsprechens gegriffen, um die Leidenschaften zu entfachen, deren sie sich zu ihren Zwecken bedienen wollten. Künstlerisch strebende Menschen konnten ungefähr zu gleicher Zeit mit einer Arbeit hervortreten, die im stillen zunächst gepflegt, sie eine Gemeinsamkeit hatte erleben lassen, die ein höheres Niveau versprach: den Zusammenklang der Seelen im Schönen durch das wahrheitkündende Wort.

Wie selbstverständlich entfaltete sich zuerst das Erleben dieser neuen Welt an den Chören der attischen Tragödie. Aber dann auch an Goethes *Faust*, an Schillers *Braut von Messina*. Und von da aus wagte man sich an die moderne Dichtung. Rudolf Steiner, Christian Morgenstern, Albert Steffen, Conrad Ferdinand Meyer gaben reichlichen Stoff für dieses in die Sphäre des Überpersönlichen gehobene Sprechen, das eine reale Beziehung zu den geistigen Welten und ihren Kräften eröffnete.

Die für das Programm gewählten Gedichte Christian Morgensterns sind – wenn auch nicht chorisch gedacht – doch zum größten Teil chorisch empfunden. Denn sie wenden sich im Geist der umfassenden Liebe, des Mitempfindens, der Kraft ausströmenden Erkenntnistat an die ›Brüder‹. Oder sie tauchen unter in den Geist der Natur und stellen wieder her den Zusammenklang des Menschen mit seinem göttlichen Ursprung, mit den Wesenheiten, welche das Weltall umspannen und unsere Seelen durchziehen. In diesem Sinne schien es gerechtfertigt, den so oft für das intime Sprechen und für die humorvoll pointierte Wiedergabe herangerufenen Dichter auch dem chorischen Sprechen mit seinen schicksalgereiftesten Dichtungen der letzten Lebensjahre zu verbinden.

So ist das Jahr 1927 in gewisser Weise ein Markstein in der Geschichte der Sektion für redende Künste. Das künstlerische Leben nahm allmählich einen anderen Charakter an. Das Arbeitsfeld hatte sich durch den Sprech-Chor wesentlich erweitert. Die Begabungen traten immer mehr in ihren Besonderheiten hervor. Die Rezitation für die Eurythmie ist da an erster Stelle zu nennen. Nicht jeder Schauspieler eignete sich dafür. Es ist die schwerste Kunst, weil der Sprecher sich ganz dem Strom der eurythmischen Bewegung hingeben muß; hier kann der Rezitator sich die Grundlagen für das Deklamatorische, das Rezitatorische erwerben. Besitzt er ein solches Rüstzeug, so wird er Lyrik und Epik in all ihren Differenzierungen immer mehr beherrschen lernen. Hat man einmal dieses erkannt und durchlebt, so wird man im Dramatischen erst ganz den Dichtungen gerecht werden in all den tausendfältigen Formen des Lyrisch-Dramatischen, des Episch-Dramatischen. Dann kann der Schauspieler das rein Dramatische voll erschöpfen. Im Chor so betrachtet findet »dieses in die Sphäre des Überpersönlichen gehobene Sprechen, das eine reale Beziehung zu den geistigen Welten und ihren Kräften eröffnet«, wie Marie Steiner es beschreibt, eine Erfüllung. Standen wir auch damals in vielem noch in den Anfängen, so waren doch Weg und Ziel nunmehr klar vorgezeichnet. Daß am Ende dieses Jahres auch das letzte der vier *Mysterien-Dramen* in dem Bühnensaal der Schreinerei einstudiert werden konnte, mutet im Rückblick wie ein Wunder an. Drei Tagungen sollen indessen noch erwähnt werden. Im Sommer wiederum eine musikalische Tagung, der im Frühjahr eine Kunst-Tagung vorangegangen war, und im Herbst unmittelbar vor Michaeli eine besondere Veranstaltung mit dem Thema: »Das Wort in der Geschichte«. Marie Steiner kündigte diese Tagung durch folgende Mitteilung an. Wir bringen sie mit dem dazugehörigen Programm, weil die Schilderung zeigt, in welcher Weise die Arbeit sich vollzog.

Uhr	Samstag 24. September	Sonntag 25. September	Montag 26. September	Dienstag 27. September
11	G. Schubert: Das Wort in der vorgriechischen Geschichte		G. Schubert: Das Wort im Mittelalter	G. Schubert: Das Wort nach anthroposophischer Erkenntnis
3	Bauführung	G. Schubert: Das Wort im Griechentum	R. Boos: Verbum cordis und Verbum vocis in Philosophie und Kunst des Mittelalters	
5	Chöre und Eurythmie	R. Boos: Der menschliche Körper als Werkzeug des Wortbildens nach der aristotelischen Lehre	Eurythmie und Wortkunst aus mittelalterlichem Bereich	R. Boos: Das Wort als Gefäß des Wissens und als Quell der Künste
8	Aegyptische Szenen aus den Mysterien	Helena-Szene aus Faust	Die mittelalterlichen Szenen aus den Mysterienspielen	Rezitation-Chöre und Eurythmie

Wenn auch im Laufe unserer arbeitsüberreichen Sommerwochen in Dornach Tagung an Tagung sich reiht und ineinanderdrängt, so haben wir es doch nicht vermocht, den schon im Anschluß an die musikalische Tagung geplanten Zyklus über »das Wort« in seiner historischen Perspektive in Kraft treten zu lassen. Es schloß sich ja die englische Woche unmittelbar an den Beginn der musikalischen Tagung, und wie im Zeitlosen vollzog sich noch daneben eine französische Woche, der viele von uns leider fern bleiben mußten, weil nicht eine Viertelstunde des vollbesetzten Tages zu erübrigen, und auch von der Nacht nichts mehr abzuringen war. Es hat viele von uns mit Bedauern erfüllt, daß so etwas unter uns stattfand, was wie in einer vierten Dimension sich abspielte, unsichtbar für unsere Blicke und unerreichbar für unsere Wünsche. Und es liegt uns daran, diesem Bedauern Ausdruck zu geben. Das Künstlervolk war hart auf hart gespannt, mußte täglich auftreten, üben, proben und wollte doch nach Kräften alles mitmachen. Man glaubt es ja kaum, daß man's noch ist und schafft und noch besteht.

Unser schönes Programm von der geschichtlichen Entwicklung des Worts zerrann im Zeitlosen durch Zeitüberfüllung zwischen englischer, französischer und musikalischer Zusammenarbeit. Und doch hatten Dr. Boos und Herr Günther Schubert ein interessantes Programm zusammengestellt und die verlockendsten Themen und Aufgaben gewählt; von unserer Mitwirkung wurde erwartet, rezitatorisch, eurythmisch, dramatisch zu umschließen das, was die Auswirkung des Worts innerhalb der verschiedenen Kulturen gewesen ist. Eine herrliche Aufgabe. Trotz aller Übermüdung möchten wir nicht darauf verzichten, sondern sie miterleben, diese Kraftwirkungsweise des Wortes im alten Indien, Persien, Ägypten, in Palästina und im lichten Hellas, über Aristoteles hinüber zum Mittelalter, von Rom zum Kirchenlatein zwischen urwüchsigem Althochdeutsch und innig-naivem Mittelhochdeutsch; die herzhaften geistlichen Volkslieder sollen sich neigen vor den Fronleichnamshymnen eines Thomas von Aquino; Goethe soll uns hinüberleiten zu Rudolf Steiner.

Noch ist der September-Monat für viele eine Ferienzeit; wir wollen also dieses interessante Programm als geschlossene Darbietung historischen Charakters der Michaeli-Tagung vorangehen lassen und haben die Tage vom 24. bis zum 27. September dazu gewählt, die uns unmittelbar zur Michaeli-Feier hinüberleiten. Unser Thema ist

»Das Wort in der Geschichte.«

Für die Sektion der redenden und musikalischen Künste:

Marie Steiner

Diese Wort-Tagung, wie sie künftig genannt wurde, hat für spätere künstlerische Darbietungen in und außerhalb Dornachs impulsierend gewirkt. Noch etwas ist aber hervorzuheben: die nun begonnene Einstudierung von Szenen aus *Faust I und II* durch die Eurythmie in Verbindung mit dem Schauspiel. Während der Vorbereitungszeit für die Helena-

Szene ergab sich eine interessante Entdeckung, die eine weittragende Folge für die gesamte Arbeit hatte. Der Eurythmist, welcher in dieser Szene die Phorkyas darzustellen hatte, suchte sich einen Sprecher und fand einen Schauspieler dafür aus der Gruppe von Haaß-Berkow, der bis dahin noch nicht stark in Erscheinung getreten war. Bei der Probe mit Frau Doktor beeindruckte dieser durch seine außergewöhnliche Stimmführung und Charakterisierungsgabe. Frau Doktor äußerte sich zufriedenstellend. Das sprach sich natürlich herum, und es entstand der Eindruck: das wird ein ausgezeichneter Mephisto-Darsteller. Wie groß war aber später das Erstaunen, daß Frau Doktor gerade diesen Schauspieler für die Wiedergabe der Faust-Gestalt bestimmte. So begann die Laufbahn von Kurt Hendewerk. Nicht nur durch diese Wahl konnte man erkennen, daß Marie Steiner nach ganz anderen als den gewohnten Vorstellungen arbeitete. Man mußte da eben von Grund auf umlernen. Eine andere Gelegenheit, um tiefer in das Wesensgefüge der neuen Kunst einzudringen, ergab sich auch noch in diesem Jahre. Eine Rezitatorin, die vor einem Jahre von Dornach wegging, um sich in Deutschland ein Arbeitsfeld aufzubauen, besuchte uns wieder und wurde von Frau Doktor geprüft. Diese Prüfung veranlaßte Marie Steiner »Kritische Bemerkungen über Sprachgestaltung« im Nachrichtenblatt der Gesellschaft zu veröffentlichen.

Aus der Arbeit der Sektion für redende Künste
Kritische Bemerkungen über Sprachgestaltung

»Innerhalb der verschiedenen Gebiete der Kunst wird viel gearbeitet in unserer anthroposophischen Gesellschaft, und bald wird es nötig sein, daß in einer Ecke der Mitteilungen die Würdigung und Kritik verschiedener Leistungen gegeben werde. Damit die richtungsgebenden Linien gewahrt werden in dem, was in der Sektion gewollt wird; damit der Impuls, der von Rudolf Steiner gegeben worden ist, lebendig bleibe in seiner Reinheit. Es dürfen diese

Richtlinien nicht verschwimmen und in Vergessenheit geraten.

So hatten wir neulich als Gast unter uns G. Z., die seit einem Jahr ihre Entwicklung in ungehemmter Freiheit durchmacht, da sie vor einem Jahr aus der Schulung entlassen worden ist. Sie hatte den starken Drang nach Auswirkung ihrer eigensten Kräfte innerhalb der nun von ihr eroberten Technik der Sprachgestaltung. Zäher Fleiß, unermüdliche Arbeitskraft und Ausdauer sind ihr immer eigen gewesen, neben einer starken Begabung und Begeisterung für Sprachkultur. Schwer war ihr das Loskommen von sich selbst, und gefährlich war der Hang zu schwärmerischen Übertreibungen. Proben eines guten und gewissenhaften Unterrichtens hatte sie zur Genüge gegeben, und so zog sie aus. Aber der Sinn stand ihr vor allem nach künstlerischer Betätigung, nach Ausleben ihres innersten Wesens durch das Medium des Dichterworts. Das war ihr gutes Recht, es ist das Recht der Jugend. Wahre Objektivität kann nur dem durch Erfahrung gereiften und gehärteten Willen entspringen. Die Wege zu diesen Erfahrungen, die aus dem Innern der Seele stammen, muß sich ein jeder selbst suchen, nachdem ihm in der künstlerischen Arbeit die Augen geöffnet worden sind für die Ziele des Schaffens und ihm die Ausdrucksmöglichkeiten gegeben wurden.

Nun steht der junge Künstler in der Welt, in der er sich betätigt, vor mancherlei Gefahren: das mangelnde Sachverständnis der Zuhörerschaft, die Beweihräucherung einerseits, die herbe Ablehnung andererseits, das Schmeicheln oder das Höhnen. Es ist fast selbstverständlich, daß er sein Ohr am liebsten den schmeichelnden Stimmen neigt. Die mahnende ist immer unangenehm. Doch sollte sie, wenn die persönliche Unterweisung aufgehört hat, als ein Teil sachverständiger und aufbauender Kritik angesehen werden. Man kennt sich zunächst noch nicht selbst, und erste Leistungen überschlagen sich gern. Hat man aber aus realen geistigen Untergründen Werkzeuge des Geistes in die Hand bekommen – und das sind die gestalteten Laute –, so muß man streng sehen, daß man nicht Gegenbilder damit schafft.

Das könnte man aber, wenn man sie herausholt aus der Zone, in der sie ihr reales Leben haben, und ihre Kräfte einströmen läßt in ihnen wesenfremde Sphären: z. B. in die Sphäre der in sich befangenen und in sich spinnenden Eigenheit, die noch nicht zu den Ich-Kräften durchgestoßen ist. Von der eigenen Astralität ganz umfangen und umschlossen sein, und diese dann in die durchgebildete Sprachgestaltung ergießen, löst schon Wirkungen aus, aber bedrückende und herabdämpfende, nicht klärende und befreiende. Auch hilft dann keine Sprachkultur mehr über die Monotonie hinweg. Spricht man dauernd aus seinem Empfindungsleibe heraus, so übertönt dieser die verschiedenen Seelenkräfte, selbst raffinierteste Verstandesarbeit. Die Differenzierung der Seelenkräfte wirkt lebensvoll und wahr nur, wenn sie von den Ichkräften erfaßt und geleitet wird; diese tragen sie dann hinauf in die Geistigkeit. In jene Geistigkeit, aus der die Kraft der Laute und der Lautgestaltung kommt. In dieser Verbindung liegt erst die Wahrheit.

Bewegung in der Sprache, errungen durch andauerndes Üben, Hinhören und Kontrollieren, erreicht nicht ihren Zweck, wenn sie nicht impulsiert wird von den Bewegungskräften des Ich, das aus allen Regionen heraus, denen der Höhe, der Mitte, der Tiefe, aus allen Richtungen des Raumes, aus der Objektivität heraus wirken kann, in die Objektivität untertaucht. Erst dann ist Sprachgestaltung eine Waffe des Heils, ein Werkzeug des Guten, eine Erziehung zur Geistigkeit.

Hüten wir sie in ihrer Reinheit und lassen wir sie nicht Mittel zum Zweck werden, weder zu äußeren Effekten, noch zum Schwelgen in Selbsterfühlung. Sie muß uns über uns hinausbringen, nicht aber uns in uns hineinversenken; nicht uns zum Spiegel werden und nicht zur Fanfare. Und wenn wir auf Grund solcher, heute in der Welt verstandenen und anerkannten, ja gewünschten Dinge glänzende Kritiken haben, so sollten wir uns erinnern an die Worte Rudolf Steiners, die er zu den Eurythmisten oft sprach: Wenn Sie gute Kritiken haben, dann fragen Sie sich immer: Was habe ich schlecht gemacht?«

Unbeabsichtigt durch das Hervorheben von wesentlichen Etappen im Jahre 1927, hat es sich so ergeben, daß gerade durch das zuletzt Zitierte noch ein eindrückliches Bild entstand vom Charakter der Arbeit. Diese Richtlinien waren es, welche die Inszenierungen impulsierten, und wir sind damit an dem Zeitpunkt angelangt, der als Prüfstein gewissermaßen für die anthroposophische Bewegung überhaupt die Fortentwicklung bestimmte: die Eröffnung des zweiten Goetheanum. Unvergeßlich die Stunde, als wir am Sonntag, 6. November, in der Mittagszeit eine erste Probe im Bau hatten. Vieles war noch nicht fertig, nur ein provisorischer Bühnenboden, aber wir konnten doch schon den Bühnen- und den Zuschauerraum betreten. Gewiß: die Formen waren noch roh. Es sollten nach Rudolf Steiners Angaben auch wieder Säulen entstehen, aber das nach der Höhe Hinstrebende im Norden und Süden und im Westen die Orgelempore: das als Bewegungselement im Raum Spürbare ergriff einen mit unmittelbarer Gewalt. Die Betonpfeiler an sich konnten ja nicht im ästhetischen Sinne als schön empfunden werden, und doch sprach eine Größe und Schönheit der Struktur den Betrachter an. Ja, eine neue Zeit hatte diese Formen herausgefordert.

Die Probe bestand in einer allgemeinen Orientierung. Wir sprachen auch einiges von der Bühne her, um die Akustik kennenzulernen. Später zeigte sich auch bei diesem ersten Versuch, daß die Musik wieder am besten, wie im ersten Goetheanum, auf der Orgelempore placiert blieb. Es wurde auch nach den ersten Versuchen klar, daß es nicht einfach sein würde, überall auf den 900 Sitzplätzen verstanden zu werden. Die umfassende Kenntnis und Beherrschung auch dieses Problems durch Rudolf Steiner fehlte spürbar. Im ersten Bau gab es von Anfang an eine befriedigende Akustik. Ein Arbeitsplan für die Inszenierung der beiden ersten Mysterien-Dramen, von Werner Teichert entworfen, sah eine genaue Einteilung der Zeit vom 15. Mai bis zu den Generalproben am 21. September vor. Zur Fertigstellung des Baues durch Bestuhlung, Fenster, Türen, Garderoben, Bühnenfußboden kamen noch die Anfertigung der Dekorationen, der Kostüme und die Einrichtung der Beleuchtung. Schauspiel, Eurythmie und Musik: die Verteilung der Probezeiten war eine Kunst für sich, um allen Anforderungen gerecht zu werden. Für den Sprech-Chor war das lang gestreckte Podium vor der Rampe ein idealer Platz. Der Vorhang im Rücken der Sprecher beeinträchtigte die Gestaltung nicht. So hatte sich im Konkreten durch diese erste Probe für die Arbeit das Bild geändert. Im Hintergrund stand der fertige Bau mit seinen Anforderungen. Zwei Begebenheiten muß ich noch, das Jahr 1927 verlassend, erwähnen. Einmal die erste Aufführung der Szenen aus dem Drama *Der Seelen Erwachen*, welche im alten Ägypten spielen. Für die Darstellung des Capesius in der damaligen Verkörperung als Opferweiser liegt da eine besondere Aufgabe vor. Capesius ist überhaupt diejenige Gestalt, welche wohl die verschiedenartigsten Seiten im Laufe der Dramen zeigt. Im Gegensatz beispielsweise zu Strader, dessen Charakterzug im Grunde ein sich gleichbleibender ist. Capesius dagegen im alten Ägypten, im Mittelalter, in den beiden ersten und im dritten und vierten Drama: stetsfort wechselnd in der Charakterzeichnung. Die Bilder im ägyptischen Tempel bilden da einen Höhepunkt. Am 23. Juli fand die Vorstellung statt. Einmal die Gestaltung des Rituals für die Initiation des Neophyten und dann Monolog und Selbstbekenntnis des Pharao. Frau Doktor zeigte damit wieder neue Wege und stellte hohe Anforderungen an uns alle. Man war dankbar, wenn der erste Versuch zu ihrer Zufriedenheit gelang. Als Schauspieler war es für mich ein einschneidendes Erlebnis in meiner künstlerischen Entwicklung. Ganz anders das zweite Vorkommnis. Ich mußte die Verantwortung für die Finanzen des »Thespiskarren« übernehmen. Das brachte nicht nur ein Mehr an Arbeit mit sich, es änderten sich dadurch auch manche Verhältnisse zu den Menschen innerhalb und außerhalb unserer Sektion. Es war kein leichtes Amt, das mir zufiel, und am wenigsten ein dankbares. Dennoch muß ich sagen, daß ich nur bejahen kann, was so frühzeitig meinem Leben in Dornach eine bestimmte Richtung gab. Ich konnte Erfahrungen machen und bekam Einblicke in die Verhältnisse, die bis zum heutigen Tage ihre große Bedeutung nicht eingebüßt haben, und so möchte ich sie keineswegs missen.

Im neuen Jahre, 1928, hatten wir schon am 5. Februar im Hans Huber-Saal in Basel eine öffentliche Sprech-Chor-Darbietung. Wir begannen mit den *Seligpreisungen* und den Worten des Apostels Paulus über die Liebe, I. Korintherbrief, Kapitel 13, beides in der Übertragung von Rudolf Steiner. Dann schloß sich der *Hymnus an die Natur* von Goethe an, die Verse des *Antepirrhema* und aus *Faust I. und II. Chorus mysticus, Chor der Engel, Chor heiliger Anachoreten* und die Stimme des Erdgeistes. Den zweiten Teil bildete die *Feier* von Albert Steffen und zum Ausklang nach einer Pause im dritten Teil »Wahrspruchworte« von Rudolf Steiner, abschließend mit der Versdichtung *Die Sonne schaue*. Wir hatten alle Lampenfieber, aber das war nichts im Verhältnis zu dem Lampenfieber von Frau Doktor, das sie im Hinblick auf unser erstes öffentliches Auftreten gerade in Basel hatte. Bis kurz vor dem Einlaß um 19.30 Uhr arbeitete sie mit uns. Auch während der ersten großen Sprech-Chor-Reise im November übte sie unermüdlich mit uns. Jeder Saal stellte neue Probleme hinsichtlich der Akustik. Doch von Stadt zu Stadt, von Abend zu Abend wurde an den einzelnen Dichtungen weitergearbeitet. Dann sparte sie aber auch nicht mit Lob nach gelungener Leistung. Ich sehe sie noch vor uns in der ersten Reihe im Saal während der Rezitation, wie sie Wort für Wort innerlich mitsprach. Man muß erlebt haben, was es heißt, diese Verantwortung den Dichtungen gegenüber, im besonderen gegenüber den *Mysterien-Dramen*. Die Darstellerinnen der Maria-Rolle hatten es in dieser Beziehung gar nicht leicht. Das war ja begreiflich, hatte sie doch in München selbst diese Rolle verkörpert. Aber ich erinnere mich auch an eine besondere Lektion vor Beginn einer Aufführung des zweiten *Mysterien-Dramas* im Bau, um die nicht leicht zu sprechenden Meditationsworte, mit denen Capesius ringt, damit sie in ihrem Wesensgehalt verstanden werden, möglichst real wiederzugeben. Bis zum letzten Augenhlick dauerte diese Probe! In diesem Zeichen stand eben unsere Arbeit überhaupt: ein »Fertig« gab es nicht! Gibt es denn aber überhaupt dieses »Fertig«? In der Beantwortung der Frage liegt zugleich ein Schlüssel, um das kaum zu fassende Werk dieser Frau zu verstehen; dieses unermüdliche Schaffen am Lebenswerk Rudolf Steiners. Und bezeichnenderweise waren auch die letzten Worte, welche sie sprach, in Beatenberg, wo sie am 27. Dezember 1948 die Augen schloß: »An die Arbeit! Voran, voran!« Sie, die bis zum lezten Atemzug all ihre Kräfte diesem in die Zukunft führenden »Voran« gegeben hatte. Der geistige Pulsschlag beflügelte ihr Dasein vom frühen Morgen bis spät in die Nacht. Alles, aber auch alles der Forderung des Tages, um an Goethes Wort zu erinnern, unterzuordnen, so Jahr um Jahr. Auch im Jahre der Bau-Eröffnung.

Zu Ostern wurden die Bilder, welche im Mittelalter und in Ägypten spielen, wiederholt. Zur Helena-Szene in der Eurythmie kamen die weiteren Bilder aus dem dritten Akt von *Faust II* hinzu: *Euphorion*. Das bedeutete für die Sprecher und den (hor eine weitere Stufe. Während der Ostertagung konnte der Sprech-Chor aus *Gott und Welt* von Goethe eine Reihe dieser ins Kosmische führenden Dichtungen vortragen. Die Urworte *orphisch* besonders zeigten in der chorischen Wiedergabe, welche Aufgaben für den Chor vorlagen und noch zu lösen waren. Als Frau Doktor uns dann nach der Bau-Eröffnung im Goetheanum für die große Wintertournee diese Dichtungen vorsprach, mit uns einstudierte, trat in Erscheinung, was durch eine solche Gestaltung der Sprache aus einer Dichtung werden kann. Unvergeßlich, wenn und wie die Stimme von Marie Steiner im Bau erklang, immer mehr, immer stärker den Raum erfüllend. Gewiß der Stimmklang, das Unisono der 24 Sprecher war überwältigend, wie es die Zuhörer erlebten und in Kritiken oftmals beschrieben wurde. Was hier aber von mir angedeutet ist, wurde auch während der Eröffnungstagung als Erlebnis von einem holländischen Mitglied, der Schriftstellerin Adelyde Content, festgehalten und im Nachrichtenblatt abgedruckt.

Marie Steiner hatte als ihren Beitrag die Vorlesung des Vortrages von Rudolf Steiner angekündigt, den er in Berlin am 28. Oktober 1909 gehalten hat über »Das Wesen der Künste«.

»Man hatte schon vorher auf dem Programm für die Tagung sehen können, daß zu den Einweihungsfeierlichkeiten die Vorlesung von dem ›Wesen der Künste‹ gehören würde. Die Sache konnte einem ganz natürlich erscheinen: daß diejenige, die die Initiierende der Kunst Rudolf Steiners am Goetheanum ist, aus dem Innern heraus als ihren Anteil zu den Vorträgen für die Eröffnung ansah, das, was Rudolf Steiner für ihre Sektion in die Worte der Imagination gekleidet hatte, nochmals für die Gesellschaft hinzustellen.

Wenn ich zurückdenke an die Stunde, da wir uns für die Vorlesung versammelt hatten, so steht sofort wiederum der mächtige Innenraum des Goetheanum vor mir, die Gestalt Frau Marie Steiners an dem Tische auf der Bühne. Auf einmal war ganz stark der Eindruck da: hier wird aus dem geistigen Nachlaß Rudolf Steiners gelesen.

Nicht aus der in dem Philosophisch-anthroposophischen Verlag erschienenen Ausgabe, aus einem Heft las Frau Marie Steiner. So wie sie vorausschickte: nach einem Stenogramm dieses nur ein einziges Mal ausgesprochenen Vortrags: ›Dieser einmalig uns geschenkten Inspiration‹ wäre vielleicht lieber gesagt.

Während der Tagung hat man den von Dr. Steiner oft gehörten Namen ›Das Haus des Wortes‹ für das Goetheanum gebrauchen hören. Tief naturgemäß mußte einem der Name klingen: Die Erlösung des Wortes war ja letzten Endes Kern und Zentral-Ziel von Rudolf Steiners Arbeit. In der Eurythmie brachte Rudolf Steiner das in den Menschen gestorbene Wort in fließende Bewegung, in seiner Rezitationskunst flößte er dem Wort die atmende Seele ein, in seinen Dramen gab er dem Wort die schöpferische Kraft wieder. Was im Goetheanum sichtbar und unsichtbar gesprochen werden wird, ist das bewegte, beseelte, schöpferische Wort. Das

Goetheanum steht, wenn es seine Aufgabe erfüllt, als Haus des Wortes da.

Diese Künste, die im Goetheanum wirksam sein sollten, wurden Frau Marie Steiner anvertraut. Mit ihrem vollen Wesen hat sie sich ihrer angenommen und sie gepflegt. Eurythmie, Chöre, *Mysterien-Dramen* waren so weit wie möglich zur Ausbildung gekommen und standen da. Das erlöste und erlösende Wort weihte das Goetheanum ein.

Wie die Kunst im Goetheanum zu ihrer Wirkung gelangt ist und was ihre Aufgabe ist, das wurde im ›Wesen der Künste‹ dem Hörenden aus dem Nachlaß Rudolf Steiners gelesen.

Klar konnte es da werden, welche Wege eine Seele zu gehen hat, die die geistige Kunst, die Kunst des Goetheanum, zu vermitteln hat.

Indem die Imagination des Wesens der Künste gelesen wurde, stand sie als Imagination wiederum auf. Nur diejenige konnte sie auferstehen lassen, die in Verständnis mit ihr verbunden war. Und die es dadurch zugleich ermöglichte, daß der aufnahmefähige Zuhörer in die Imagination mitgenommen wurde.«

Durch diese Schilderung sind wir schon in die Veranstaltungen zu Michaeli 1928 geführt worden. Am Michaelstag, 29. September, fand die feierliche Eröffnung statt, an der 3000 Zuhörer teilnahmen. Alle Veranstaltungen mußten zweimal durchgeführt werden: einmal im Bau und einmal im Bühnensaal der Schreinerei. Mit der eurythmischen Wiedergabe der Spruchworte von Rudolf Steiner zur Begründung der Allgemeinen Anthroposophischen Gesellschaft, Weihnachten 1923, begannen die Feierlichkeiten. Am darauffolgenden Sonntag fand die Aufführung des ersten Mysterien-Dramas *Die Pforte der Einweihung* statt. Die Eröffnungstagung dauerte bis zum Sonntag, 7. Oktober. Soweit es die Umstände erlaubten, waren Vertreter aus allen europäischen oder außereuropäischen Ländern anwesend. Ein eindrucksvolles Bild von der Größe, der Weite der Anthroposophischen Gesellschaft. Es muß aber noch auf die in London Ende Juli stattgefundene Welt-Konferenz als allgemeiner Kongreß für Geisteswissenschaft hingewiesen werden. Die Eurythmie-Künstlergruppe des Goetheanum war dazu eingeladen worden.

Frau Doktor hatte mich bestimmt, die deutsche Rezitation zu übernehmen. Durch solche Aufgaben, die es neu zu bewältigen gab, kam man vorwärts. Aber eines mußte man dabei lernen: Empfindlichkeiten bei der Probenarbeit zu überwinden, die Sache in den Mittelpunkt zu rücken. Man war letztlich ganz auf sich gestellt. Es war ja natürlich trotz der intensiven Arbeit nicht jeder Mitwirkende von früh bis spät beschäftigt. Und so appellierte dieser Umstand an die Initiative des einzelnen. Oft wies Rudolf Steiner auf die Aktivität im Arbeiten und auf die damit verbundene Begeisterung hin. Man mußte sich schon sein Schifflein selbst zurechtzimmern und die Segel setzen.

Die Herbsttage von damals vergißt man nicht. Eines möchte ich doch noch hervorheben. Das sind die Begegnungen mit den auswärtigen, ausländischen Freunden, die von Jahr zu Jahr immer häufiger Dornach besuchten. Was war denn das Besondere, jedenfalls für mich stark Erlebbare? Da kamen zwar Franzosen und Engländer, Skandinavier, Polen oder Amerikaner. Aber das eigentlich Nationale spürte man nicht in erster Linie. Die Freunde kamen aus Norwegen oder Schweden, aus Warschau oder Paris, aus London oder aus Rom. Aber das Hauptsächliche war das durch die Anthroposophie Verbindende. Das trat mir schon während der Herbsttagung 1924 zu Lebzeiten von Rudolf Steiner entgegen. Durch ihn wurde vor allem geprägt: das allgemein Menschliche, die Begegnung von Mensch zu Mensch.

Nach dem Ende der Tagung gab es kein Ausruhen. Eurythmie und Sprech-Chor mußten für die bevorstehenden Gastspiele arbeiten. Die Reise der Eurythmistinnen führte durch Dänemark, Schweden, Norwegen über Finnland bis nach Reval in Estland. Und dem Chor stand gleichfalls eine größere Tournee bevor. Aber nicht von Anfang an war eine solche geplant. Das Programm wurde nur für München eingeübt, wo eine Darbietung im »Bayrischen Hof« stattfinden sollte. Erst später entstand der Goethe-Saal in Schwabing, wo wir dann in regelmäßigen Abständen Aufführungen unserer Sektion veranstalteten. Das Reiseprogramm war im großen und ganzen das in Basel im Februar aufgeführte. Nur sprachen wir an Stelle der *Seligpreisungen* den Chor der Greise aus der *Antigone* des Sophokles und die Goetheschen *Urworte*. Wie oftmals, wenn eine Stufe erklommen war, jetzt nach gelungener Aufführung der Mysterien-Dramen *Die Pforte der Einweihung* und *Die Prüfung der Seele*, waren die nächsten Schritte nicht leicht. Frau Doktor stellte dann höhere Ansprüche. Aber bald wurde es von Probe zu Probe besser, und so sagte sie mir, Nürnberg wäre ja nicht so weit von München entfernt. Es ließe sich vielleicht noch Dresden anschließen, gegebenenfalls auch Berlin. Ich war überrascht, hatte das nicht erwartet, freute mich aber für uns alle. Lag doch in dieser Aufforderung das positive Urteil über das Erreichte. Viel Zeit zu Vorbereitung hatten wir nicht. Eine wesentliche Hilfe war durch die Konzert-Direktion Wolff & Sachs gegeben, welche das Arrangement in verschiedenen Städten, beispielsweise Berlin, übernahm. Am 27. Oktober führten wir das Programm in Dornach auf: am 3. November war der Abend in München. Dann schlossen sich Nürnberg, Dresden, Meißen, Leipzig und Berlin in der Singakademie an. Die Reise dauerte noch bis zum 6. Dezember und endete in Freiburg im Breisgau. Wir nahmen nach Berlin den Weg über Hamburg-Wandsbek, Goethe-Schule, Bremen, Kassel, durch das Rheinland und Baden; insgesamt 18 Aufführungen. Im »Bayrischen Hof« in München gab es noch eine kleine Überraschung. In der Pause kam Frau Doktor zu uns in das Künstlerzimmer, geführt von einem Portier. Der erinnerte sie nun daran, wie er 1922 »den Herrn Gemahl« bei dem versuchten Attentat durch einen Hinterausgang ins Freie geführt habe. Rudolf Steiner hielt damals im gleichen Saal in München einen öffentlichen Vortrag, bei dem am Schluß eine Reihe von Rowdies das Podium zu stürmen versuchte; Mitglieder

der Anthroposophischen Gesellschaft griffen schützend ein.

Ursprünglich freilich hoffte Marie Steiner, schon zu Weihnachten das dritte und vierte Drama im Bau in Szene setzen zu können. Doch das ließ sich nicht realisieren. Erst Michaeli 1929 konnten *Der Hüter der Schwelle* und im Frühsommer 1930 *Der Seelen Erwachen* zur Darstellung gelangen. Zu Weihnachten wurden die bereits aufgeführten Dramen im Bau wiederholt. Das Thema der Tagung war: »Das Wort als Vermittler von Natur und Geist.« Nach der Rückkehr von der Reise schrieb sie im Nachrichtenblatt der Mitglieder einen Bericht. Dieser gibt ein anschauliches Bild von der Lage.

Sorgende Gedanken zwischen Michaeli und Weihnachten

»Zu Michaeli durften unsere schwachen Kräfte der beglükkenden Aufgabe dienen, Rudolf Steiners Mysterien-Dramen im lebendigen Bühnenbilde vor unsere Mitgliedschaft zu bringen. Es war keine leichte Aufgabe, denn es wurde noch bis zum letzten Tage am Bau gearbeitet. Lange fehlte es hier und dort an Fenster oder Tür oder Überdeckung eines Kellerraumes, so daß die Zugwinde frei umher bliesen; und das viele laute Hämmern und Klopfen drohte bedenklich die akustische Eroberung des Baus zu unterbinden. Wir waren glücklich und dankbar, daß wir diese schwere Aufgabe einigermaßen bestanden haben; die vielen, begeisterten Dankesbriefe geben uns den Mut, dies zu glauben. Für uns war die Arbeit selbst der schönste Lohn. Wir hatten keinen größeren Wunsch, als gleich weiterzuarbeiten und die zwei nächsten *Mysterien-Dramen* schon für Weihnachten fertig zu stellen.

Einige Tage schien es auch, als ob wir uns dieser Hoffnung hingeben dürften. Dann aber kam die herbe Enttäuschung: die Ausgaben hatten die Einnahmen zum großen Teil aufgezehrt. Die Anstrengungen, die gemacht werden mußten, um die Eröffnung zu ermöglichen, hatten die Ebbe in die Kasse gebracht. Die Eintrittskarten waren eigentlich zu billig gewesen, und wir hatten nicht gewagt, gleich um neue Spenden zu bitten.

Freilich hatte die Finanzverwaltung es vorher klar ausgesprochen: mit den vorhandenen Mitteln könnte nur das Notwendigste für die Eröffnung fertig gebracht werden. Aber wir Künstler hatten doch damit gerechnet, daß die Inszenierung der zwei letzten Mysterien dazu gehöre.

Es tritt uns oft die Meinung entgegen: ›das Goetheanum ist fertig‹ – also könne man seine Sorge anderen Dingen zuwenden.

Es ist aber noch nicht fertig. Was drin geschehen soll, kann noch nicht geschehen, weil das Goetheanum nicht fertig ist. Die leere äußere Hülle genügt nicht. Gearbeitet muß drin werden können und die Bedingungen dazu müssen geschaffen werden.

Nun können wir nicht einmal weiter Kulissen malen, weil in den unfertigen Räumen des Erdgeschosses die Böden fehlen. Im Sommer gings noch an, drin auszuhalten, – jetzt wäre es nicht möglich.

Für die Mysteriendichtungen wurde das Goetheanum aufgebaut. In sie ist hineingeheimnißt die ganze Esoterik, die Rudolf Steiner der Menschheit für ihren Fortschritt zu geben hatte ... Oft hat er es uns gesagt ... Wir erlebten es. Sie wirken unmittelbar und überzeugend, wenn man in der Lage ist, ihren Stimmungsgehalt herauszulösen. In der Druckerschwärze liegen ihre Geheimnisse zunächst noch vergraben, wie in einem Sarge. Wir gucken hinein durch die Löcher unseres Verstandeskastens – aber die verzauberte Prinzessin wacht dadurch noch nicht auf. Sie wartet, bis das ihr innewohnende Leben erlöst werde. Sie wartet wie das Märchen und wie die blaue Blume.

Ich sagte händeringend zu Dr. Wachsmuth [dem damaligen Schatzmeister der Anthroposophischen Gesellschaft]: Lassen Sie uns wieder in die Schreinerei zurückkehren für Weihnachten. Dort wird nicht alles aufgeschluckt werden durch den Betrieb; wir können wieder unsere Einzelkarten haben für die künstlerischen Veranstaltungen, und das sichert uns unsern Mittagstisch für einige Zeit. – Aber Dr. Wachsmuth hatte wieder in irgendeiner Ecke seiner prachtvoll lebenskräftigen Seele Mut geschafft und sagte, es sei nun zu spät – es wären schon Karten verkauft, und wenn viele Gäste kämen, würde die Schreinerei doch wieder nicht genügen... und so weiter... Wir haben daraufhin beschlossen, die Eintrittspreise für die Mysterienspiele um je 2 Fr. zu erhöhen. Es ist ja immer noch viel zu niedrig. Und wir hoffen, daß recht Viele kommen und helfen, das Goetheanum seinem Ziele zuzuführen!

Ein Trost in all den schweren Sorgen und ein Ansporn war der Erfolg der letzten künstlerischen Tourneen. Man sah, die Menschheit braucht unsere Arbeit. Sie hat es satt, immer abwärts geführt zu werden in die Niederungen. Sie will hinauf. Ihre Seele erklang ahnungsgetroffen.

Selbst die Kritiken, die doch sonst Befehl haben, uns gegenüber nicht geneigt zu sein, mußten immer wieder betonen: Von hier aus kann Neubelebung kommen, Befreiung und Zukunft. – Professor Paul Büttners Kritik in Dresden, die der Redaktion wohl zu günstig schien, um aufgenommen zu werden, wurde uns von ihm zur Verfügung gestellt. Wir bringen sie im Wortlaut. – Unter den mehr zurückhaltenden Stimmen ist mir eine der liebsten diejenige, die in der Berliner Börsenzeitung ihren Bericht endet mit den Worten: »Im ganzen ein von hoher sprachlicher und geistiger Kultur getragener Abend, für den das Publikum durch reichen Beifall dankte.«

So verspürten sie doch einen Hauch von Rudolf Steiners Geist.

Unendlichen Jubel löste die Eurythmie in den nordöstlichen Landen aus: In Finnland, Estland, Lettland ging das Publikum ganz spontan und unmittelbar mit. Die Begeisterung schlug Wogen. Es ist, als ob das Reine, Edel-Vornehme und Objektive ganz besonders dort die Seelen getroffen hätte.

Aber der Beifall war überall stark – auch in den älteren Kulturländern. In Deutschland aber war man – wie betroffen durch die Lebenskräfte der eigenen Sprache – und offensichtlich erschüttert. Was da in bewegter, disziplinierter, gestalteter Klangesfülle durch den Sprechchor zum Ausdruck gebracht wurde, die Dichtungen Goethes, Albert Steffens, Rudolf Steiners, löste ein ganz neues Erleben in den Seelen aus, staunendes Bewundern, als ob sie zum ersten Mal in Dichters Land gezogen wären, das sie bisher nur durch einen Schleier verdeckt gesehen. Diese aus geistiger Heimat heruntergeholten Ewigkeitswerte schienen den Sinn des Deutschtums zu verkünden.

So durften wir danken dem Geschick, das uns herausgesandt hatte, um Rudolf Steiners Wort in die Seelen der Außenwelt fallen zu lassen. Es hat gewirkt.

Es muß weiter wirken. Wir haben unsere Not geklagt. Wir haben aber auch Vertrauen, daß uns geholfen wird, das Werk weiterzuführen.

»Es wird geschehen, was geschehen soll.« Und sollte nicht die lebendige Arbeit an den *Mysteriendichtungen* Rudolf Steiners zu Ende geführt werden dürfen?

Über den Sprechchor des Goetheanum
Professor Paul Büttner

»Der Sprechchor des Goetheanum in Dornach (Abteilung für redende und musikalische Künste) veranstaltete gestern in Dresden einen Vortragsabend. Es ist Brauch der öffentlichen Kritik, sich so zu äußern, als sei ihre Stimme gleich dem Spruch eines allgemeinen und daher maßgebenden Urteils. So aber will ich es im vorliegenden Fall nicht halten: ich spreche daher in Person, d. h. ohne den Anspruch, meine Meinung als sich mit jener der Allgemeinheit deckend hinzustellen.

Den Sprechchören, wie und wo immer sie sich auch wirksam zu machen versuchen, bin ich aus künstlerischem Grunde feind, da sie ja das verneinen, das auslöschen möchten, was gerade der Individualwille anstrebt: das künstlerische Erleben aus eigenen Seelenkräften. Hierin lagen aber die Stärken des Dornacher Sprechchores. Er trat auf in der Kopfzahl von 24 Sprechern, zwölf männlichen und ebensoviel weiblichen. Ich denke nicht darüber nach, wie sie alle sich als schauspielerisch Begabte zusammengefunden haben. Aber ich denke darüber nach, wie sie musikalisch, d. h. melodisch und rhythmisch sich vereinigten zu ungewöhnlicher Demonstration des gesprochenen Wortes. Wir müssen wohl glauben, daß dem Hauch der Sprache, in dieser Schulung auflebend, eine besondere Kraft der Wiederbelebung unseres geistigen Ichs zu eigen ist. Dieser vierundzwanzig Stimmen starke Chor sprach – soweit wir sein Programm verfolgen konnten – ›Wahrspruchworte‹ von Rudolf Steiner in einer Verlebendigung, der sich kaum ein Nachdenkender zu verschließen vermag. Hier lebt auf die stille, gefestigte, zielgewisse Arbeit Erkennender. Hier erschauern wir in den Worten: Blitz, o Vater des Lichts; Donner, o Mutter des Tones, in kosmischen Geschehnissen. Hier wird uns der gezähmte und wohlgeschulte Klang der Sprache zum Träger überzeitlichen Empfindens, zur Beschwörung dunkler Mächte.

Die vierundzwanzig sprechenden Chorstimmen bewegten sich dem Intervallklang nach in großen Terzen und in Dur-Dreiklängen. Und das war ebenso seltsam als ergreifend. Mustergebend war die Gestaltung der melodischen Kontur. Hieran allein könnte die moderne Sprechkunst des Schauspiels bis ins Unendliche profitieren. Hier tut sich der Weg zu einer neuen, modernen Sprechkunst auf, in der Klang und Eindruckskraft auf unser Gemüt in eins verschmilzt. So glaube ich, daß die Gastrolle des Goetheanum-Sprechchores nicht ohne Widerhall sein wird. Der Besuch der Veranstaltung war überraschend groß.«

Ausklang

Erst jetzt bemerke ich, daß mit den beeindruckenden Worten von Professor Büttner aus Dresden sich ein Kreis geschlossen hat. Das war nicht beabsichtigt, fügte sich nur dadurch, daß die Sache es erforderte, in dem letzten Kapitel mehrfach Marie Steiner zu Wort kommen zu lassen. Ihr Werk ist es, was als Bühnenkunst des Goetheanum heute Weltruf genießt. Das empfanden vor einem halben Jahrhundert die bei der Bau-Eröffnung Anwesenden. Das muß auch heute wiederum ausgesprochen werden, mehr als 30 Jahre nach ihrem Tode. Zum fünfundzwanzigsten Todestag konnte ›Marie Steiner, ihr Weg zur Erneuerung der Bühnenkunst durch die Anthroposophie‹ erscheinen. Dort ist festgehalten, was innerhalb der zwei Jahrzehnte, 1928–1948, noch entstanden ist. Vor allem die ungekürzte Gesamtaufführung von Goethes *Faust I und II*, die Inszenierung von Dramen Albert Steffens. Während des Krieges die Einstudierung der Schiller-Dramen *Die Braut von Messina*, *Die Jungfrau von Orléans* und *Maria Stuart*; im Sommer 1948 noch Goethes *Iphigenie*. Ohne die Dokumentation und die grundlegenden drei Bücher über Sprachgestaltung, Rezitation und Deklamation, über dramatische Kunst hätte ich mich nie entschlossen, diese Erinnerungen niederzuschreiben.

Wählte ich als Titel dieser Erinnerungen ›Mein Weg zur Goetheanum-Bühne‹, so hatte ich dabei auch den Bühnenraum im ersten Goetheanum im Sinn. Wäre nicht in der Silvesternacht 1922/23 dieses Kunstwerk durch Brandstiftung vernichtet worden, hätte sich die Bühnenkunst des Goetheanum in nicht vorzustellender Weise entwickelt, waren ja von Rudolf Steiner die Aufführungen der *Vier Mysterien-Dramen* für den Sommer 1923 schon angekündigt! Das sollte man bedenken bei allem, was immer man im zweiten Bau unternimmt. Wir haben in Erinnerung gerufen, wie Marie Steiner über die Goetheanum-Bühne dachte, bis zuletzt treu folgend den Intentionen Rudolf Steiners, die durch sie Leben gewannen.

Es bleibt mir noch, dem Mellinger-Verlag herzlichen Dank auszusprechen für die oft geäußerte Einladung, diese Seiten zu verfassen, die nun verwirklicht werden konnte. Auch von Freunden und von Seite der Bühnenkünstler bin ich wiederholt dazu aufgefordert worden, zuletzt eindringlich an meinem 75. Geburtstag. Vor allem aber gebührt der Dank meiner Frau, ohne deren Unterstützung und Mitarbeit dieses Buch nicht zustande gekommen wäre. Sie war die erste, welche schon vor sehr langer Zeit mir die Verpflichtung vor Augen stellte, die mir oblag durch all das, was ich in Dornach erlebte. Ich versprach es. Ich bin dem Schicksal dankbar, daß ich nunmehr mein Wort habe einlösen können.

Dornach, Johanni 1978

Weitere Publikationen des Autors

Edwin Froböse: *Auf dem Wege. Gedichte*, Selbstverlag, Dornach 1936
Edwin Froböse: *Für Rudolf Steiner. Gedichte*, Sektion für redende und musische Künste, Dornach 1941
Edwin Froböse: *Ursprung und Schicksal. Gedichte*, Feldegg Verlag, Zürich 1943
Edwin Froböse: *Der neue Weg.* Gesammelte Aufsätze zur Arbeit der Sektion für redende und musische Künste am Goetheanum, Dornach 1924–1948, Zbinden Verlag, Basel 1973

Aus dem Wirken von Marie Steiner. Gesammelte Aufsätze mit Beiträgen von Rudolf Steiner, Hrsg. Edwin Froböse, Selbstverlag der Rudolf Steiner-Nachlaßverwaltung, Dornach 1951
Erinnerungen von Marie Steiner. Aufsätze und Gedichte, Hrsg. von Edwin Froböse und Werner Teichert, Selbstverlag, Dornach 1952
Rudolf Steiner – Edouard Schuré. Lucifer – Die Kinder des Lucifer, Hrsg. Edwin Froböse, Selbstverlag der Rudolf Steiner-Nachlaßverwaltung, Dornach 1955
Kurt Piper. Vom lebendigen Wissen. Zum 100 Geburtstag des Dichters. Prosa – Lyrik – Dramatik. Hrsg.: Edwin Froböse, J. Ch. Mellinger Verlag, Stuttgart 1975
Rudolf Steiner. Eurythmie. Die Offenbarung der sprechenden Seele. Ansprachen zu Eurythmie-Aufführungen 1918–1924, Hrsg. Edwin und Eva Froböse, Rudolf-Steiner-Verlag, Dornach 1972
Marie Steiner. Ihr Weg zur Erneuerung der Bühnenkunst durch die Anthroposophie. Eine Dokumentation. Hrsg. Edwin und Eva Froböse, Rudolf-Steiner-Verlag, Dornach 1973
Rudolf Steiner: Aspekte der Waldorf-Pädagogik. Beiträge zur anthroposophischen Erziehungspraxis. Hrsg. Edwin Froböse, Fischer Taschenbuch Verlag, Frankfurt, 1983, Band-Nr. 3334
Das Theater. Redigiert von Christian Morgenstern. Bruno Cassirer Verlag 1903–1905; kommentierte Faksimileausgabe. Hrsg. Edwin Froböse und Leonhard M. Fiedler, Lechte Verlag, Emsdetten 1981